# Kinderhoroskop
# Ihr Kind verstehen mit Astrologie

Winfried Noé

# KINDERHOROSKOP
## IHR KIND VERSTEHEN MIT ASTROLOGIE

Vom selben Autor sind im FALKEN Taschenbuch-Programm bereits erschienen:
„Jahreshoroskop 1996" (Nr. 60030)
„Besser leben nach dem Mondlauf" (Nr. 60063)

Dieses Buch wurde auf chlorfrei
gebleichtem und säurefreiem Papier gedruckt.

Die Deutsche Bibliothek – CIP-Einheitsaufnahme

**Noé, Winfried:**
Kinderhoroskop : Ihr Kind verstehen mit Astrologie / Winfried Noé.
– Orig.-Ausg. – Niedernhausen/Ts. : FALKEN TaschenBuch, 1996
ISBN 3-635-60242-6

Originalausgabe
ISBN 3 635 60242 6

© 1996 by Falken-Verlag GmbH, 65527 Niedernhausen/Ts.
Die Verwertung der Texte und Bilder, auch auszugsweise, ist ohne Zustimmung des Verlags urheberrechtswidrig und strafbar. Dies gilt auch für Vervielfältigungen, Übersetzungen, Mikroverfilmung und für die Verarbeitung mit elektronischen Systemen.

**Umschlaggestaltung:** Zembsch' Werkstatt, München
**Layout:** David Barclay, Neu-Anspach
**Redaktion:** Jutta Schwarz, Bonn/Christiane Rückel
**Herstellung:** Beate Müller-Behrens
**Titelbild:** Bavaria, München/FPG
**Sternzeichenvignetten:** Ute Dreyspring, Oberjosbach
**Satz:** Raasch & Partner GmbH, Neu-Isenburg
**Druck:** Paderborner Druck Centrum

Die Ratschläge in diesem Buch sind von dem Autor und vom Verlag sorgfältig erwogen und geprüft, dennoch kann eine Garantie nicht übernommen werden. Eine Haftung des Autors bzw. des Verlags und seiner Beauftragten für Personen-, Sach- und Vermögensschäden ist ausgeschlossen.

817 2635 4453 6271

# Inhalt

**Vorwort** — 9

**KINDER UND IHRE STERNE** — 11

**Widder** 21.03.–20.04.
– *Kleiner Feuerspucker mit Herz* — 12
Das Kleinkind — 12
Das Schulkind — 12
Der Teenager — 13
*Das Widder-Kind und seine Mutter* — 14
*Das Widder-Kind und sein Vater* — 17
*Das Widder-Kind und sein Aszendent* — 20

**Stier** 21.04.–20.05.
– *Kleiner Genießer mit Sinn fürs Materielle* — 23
Das Kleinkind — 23
Das Schulkind — 23
Der Teenager — 24
*Das Stier-Kind und seine Mutter* — 25
*Das Stier-Kind und sein Vater* — 28
*Das Stier-Kind und sein Aszendent* — 31

**Zwillinge** 21.05.–21.06.
– *Kleiner Quirl mit Charme und Köpfchen* — 34
Das Kleinkind — 34
Das Schulkind — 34
Der Teenager — 35
*Das Zwillinge-Kind und seine Mutter* — 36
*Das Zwillinge-Kind und sein Vater* — 39
*Das Zwillinge-Kind und sein Aszendent* — 42

**Krebs** 22.06.–22.07.
– Kleiner Fratz mit großer Seele _____ 45
Das Kleinkind _____ 45
Das Schulkind _____ 45
Der Teenager _____ 46
Das Krebs-Kind und seine Mutter _____ 47
Das Krebs-Kind und sein Vater _____ 50
Das Krebs-Kind und sein Aszendent _____ 53

**Löwe** 23.07.–23.08.
– Kleine Majestät ganz groß _____ 56
Das Kleinkind _____ 56
Das Schulkind _____ 56
Der Teenager _____ 57
Das Löwe-Kind und seine Mutter _____ 58
Das Löwe-Kind und sein Vater _____ 61
Das Löwe-Kind und sein Aszendent _____ 64

**Jungfrau** 23.08.–23.09.
– Kleiner Analytiker mit Ordnungsfimmel _____ 67
Das Kleinkind _____ 67
Das Schulkind _____ 67
Der Teenager _____ 68
Das Jungfrau-Kind und seine Mutter _____ 69
Das Jungfrau-Kind und sein Vater _____ 72
Das Jungfrau-Kind und sein Aszendent _____ 75

# Inhalt

**Waage** 24.09.–23.10.
- *Kleiner Charmeur soll sich entscheiden!?* — 78
- Das Kleinkind — 78
- Das Schulkind — 78
- Der Teenager — 79
- *Das Waage-Kind und seine Mutter* — 80
- *Das Waage-Kind und sein Vater* — 83
- *Das Waage-Kind und sein Aszendent* — 86

**Skorpion** 24.10.–22.11.
- *Kleines Sensibelchen mit Biß und Stachel* — 89
- Das Kleinkind — 89
- Das Schulkind — 89
- Der Teenager — 90
- *Das Skorpion-Kind und seine Mutter* — 91
- *Das Skorpion-Kind und sein Vater* — 94
- *Das Skorpion-Kind und sein Aszendent* — 97

**Schütze** 23.11.–21.12.
- *Kleiner Springinsfeld mit Idealismus* — 100
- Das Kleinkind — 100
- Das Schulkind — 100
- Der Teenager — 101
- *Das Schütze-Kind und seine Mutter* — 102
- *Das Schütze-Kind und sein Vater* — 105
- *Das Schütze-Kind und sein Aszendent* — 108

# Inhalt

**Steinbock** 22.12.–20.01.
– *Kleiner Eremit mit großen Aufstiegschancen* ___ 111
Das Kleinkind ___ 111
Das Schulkind ___ 111
Der Teenager ___ 112
Das Steinbock-Kind und seine Mutter ___ 113
Das Steinbock-Kind und sein Vater ___ 116
Das Steinbock-Kind und sein Aszendent ___ 119

**Wassermann** 21.01.–19.02.
– *Kleiner Utopist mit Geistesblitzen* ___ 122
Das Kleinkind ___ 122
Das Schulkind ___ 122
Der Teenager ___ 123
Das Wassermann-Kind und seine Mutter ___ 124
Das Wassermann-Kind und sein Vater ___ 127
Das Wassermann-Kind und sein Aszendent ___ 130

**Fische** 20.02.–20.03.
– *Kleiner Träumer mit medialen Fähigkeiten* ___ 133
Das Kleinkind ___ 133
Das Schulkind ___ 133
Der Teenager ___ 134
Das Fische-Kind und seine Mutter ___ 135
Das Fische-Kind und sein Vater ___ 138
Das Fische-Kind und sein Aszendent ___ 141

**Aszendenten-Tabelle** ___ 144

# Vorwort

Man kann Erziehung als „Glückssache" betrachten. Oder Schwierigkeiten, die in diesem Zusammenhang auftauchen, dem „Generationskonflikt" in die Schuhe schieben. Doch aus astrologischer Sicht stellen sich die Dinge ein bißchen anders und vor allem einfacher dar, auch die schwierigen.
Mit den „Sternen" zu erziehen bedeutet, den astrologisch individuell geprägten Charakter des Kindes zu erkennen – und vor allem anzuerkennen. Daß Eltern dieser Schritt manchmal leichter, manchmal schwerer fällt, ist offenkundig. Denn wie das Kind seine persönliche Note mit all den dazugehörigen Eigenheiten von Anfang an mitbringt, so haben selbstverständlich auch „Mama" und „Papa" ihre ganz eigenen Wesenszüge und Anlagen. Und diese können, müssen aber mit denen des Nachwuchses nicht immer übereinstimmen. Je unterschiedlicher die Charaktere von Kind und Eltern, desto notwendiger ist das An-Erkennen des kindlichen Wesens, damit eine glückliche und gesunde Entwicklung gewährleistet ist und sich die häusliche Atmosphäre harmonisch gestalten kann. Ist das Kind erst erkannt, ist eine Gefahr gebannt. Die häufige Tatsache nämlich, daß Eltern dem Nachwuchs ihren Stempel aufdrücken und Dinge und Leistungen erwarten bzw. verlangen, die Junior seinem Naturell gemäß nicht erbringen kann.
Dieses Buch möchte also eine Brücke schlagen zwischen Eltern und Kind, weshalb es selbstverständlich auch von ersterem gelesen werden darf, und zweiteren den astrologischen „Erfolgsschlüssel" in die Hand gibt, der da ganz einfach lautet: Erkenne dein Kind – und dich selbst.
Um dieses zu ermöglichen, wird die Prägung, die das jeweilige Tierkreiszeichen auf den kindlichen Charakter ausübt, ausführlich dargestellt. Eltern können diese jeweilige Typologie auch auf die Erwachsenenwelt übertragen und somit auf sich selbst beziehen. Es reicht natürlich nicht aus, nur das Tierkreiszeichen des Kindes (also den Stand der Sonne zum Zeitpunkt seiner Geburt) zu kennen. Auch der Aszendent ist von stark prägender Bedeutung und daher in einem gesonderten Kapitel erläutert. Denn während die Sonne das „wahre Wesen" und die elementaren Grundbedürfnisse des Kindes beschreibt, sagt der Aszendent etwas über die Haltung aus, die es seiner Umwelt gegenüber einnimmt, bzw. wie es seine Umwelt sieht. Der

Aszendent zeigt quasi, wie das Kind IST, die Sonne hingegen, was es wirklich WILL. Aus dieser vereinfacht dargestellten, kosmischen Mischung ergeben sich manchmal kleine „runde" Persönlichkeiten, manchmal kleine „zerrissene" und widersprüchliche Charaktere. Eltern, die die „zwei Seiten" des Nachwuchses kennen, verstehen ihn nicht nur besser, sie können auch helfen, wenn es darum geht, innere und äußere Gegensätzlichkeiten zu einem harmonischen Wesen zu verbinden. Eine Aufgabe übrigens, die oft auch noch den Erwachsenen zu schaffen macht.

Ganz wichtig ist natürlich das Verhältnis zwischen Eltern und Kind. Dazu finden Sie im Kapitel „Das (Sonnenzeichen-)Kind und seine Mutter bzw. sein Vater" Erläuterungen und Tips zu allen Kombinationsmöglichkeiten, die sich aus den jeweiligen kindlichen und elterlichen Tierkreiszeichen ergeben können.

Selbstverständlich kann (und will) dieses Buch eine persönliche und individuelle astrologische Beratung (die sich ganz besonders auch für Kinder empfiehlt, um Talente beizeiten zu erkennen, bzw. Schwächen zu begegnen) nicht ersetzen. Doch es macht „den Umgang" mit den lieben Kleinen (hoffentlich) einfacher, harmonischer und „glücklicher".

Also hat „astrologische" Kindererziehung wahrlich nichts mehr mit „Glück" oder „Pech" zu tun. Sie macht höchstens glücklich. Und zwar nicht nur das Kind, sondern auch die Eltern. Vielleicht wird sie sogar zum „Kinderspiel", an dem alle Beteiligten sich erfreuen und ihren Spaß haben werden.

# Kinder und ihre Sterne

# Widder

**21.03.–20.04.**

## Das Kleinkind

Kaum abgenabelt, schreit dieses „dynamische" Baby lautstark und erbarmungslos den ganzen Kreißsaal zusammen. Hier hat ein kleiner „Mars-Mensch" das Licht der Welt erblickt, der von nun an dafür sorgen wird, daß er weder überhört noch übersehen wird. Wozu wurde einem schließlich so viel Power und Zuversicht in die Wiege gelegt? Weil die große, weite Welt darauf wartet, zunächst entdeckt und dann erobert zu werden. Für abenteuerliche Streifzüge durch Wohnung, Haus und Garten haben kleine Widder dementsprechend viel übrig. Sobald dieser bewegungsfreudige Ableger laufen und klettern kann, wird er die ganze Familie häufiger in Alarmbereitschaft versetzen. Denn Widder-Junior ist nicht nur dynamisch, sondern auch mutig bis waghalsig und in der Regel äußerst sportlich, selbst wenn er noch in den Windeln steckt.

Es liegt auf der Hand, daß dieser temperamentvolle Sprößling viel Raum und Gelegenheit braucht, um sich auszutoben. Fürsorgliche Eltern werden deshalb zwar stets ein wachsames Auge auf den agilen Dreikäsehoch haben, ihn in seinem starken Bewegungsdrang jedoch möglichst wenig einschränken. Widder-Junior ist somit ein optimaler „Heim-Trainer", der Mama und Papa spielend fit hält. Vielleicht ist das auch der Grund, warum Eltern ihren marsgeprägten Nachwuchs schon so früh im Sportverein anmelden.

## Das Schulkind

Für die Schule kann sich Widder-Junior nur bedingt begeistern. Dieser quirlige Ableger ist durchaus lernfreudig und aufgeschlossen, doch das Stillsitzen ist halt eine Qual. Lästig ist auch, daß hier die Lehrer „Befehle erteilen". Denn das ist ja eigentlich „Widder-Sache". Die ausgeprägten Führungsqualitäten können auch anderweitig zur Geltung kommen. So ist Widder-Junior im Laufe seiner Schulkarriere mindestens einmal Klassensprecher und in der Freizeit „Bandenführer". Es sollte übrigens nicht verschwiegen werden, daß Mädchen, deren Sonne zur Zeit der Geburt im Tierkreiszeichen Widder stand, genauso robust und abenteuerlich veranlagt sind wie die Jungen. Mit Puppen und Rüschenkleidchen braucht man diesen kleinen Evas also gar nicht erst zu kommen. Sie spielen nämlich lieber Cowboy und Indianer

# Kleiner Feuerspucker mit Herz

und schwingen sich im großen Apfelbaum wie Tarzan von Ast zu Ast. Doch die herzerfrischende, spontane Art, die Offenheit und Aufrichtigkeit der Widder-Kinder entschädigt für manche Aufregung, die an den elterlichen Nerven schon mal zehren kann. Und mit zunehmendem Alter kann man mit Widder-Junior die berühmten Pferde stehlen. Denn dieser Sprößling entwickelt sich zu einem fairen Partner, Typ „treuer Kumpel". Dieser erfreuliche Umstand versöhnt Mama und Papa wieder.

## Der Teenager

Der pubertäre Widder sollte es lernen, seinen kindlichen Übermut in die richtigen Bahnen zu lenken, was nicht immer leicht für ihn ist. Die Sexualität erwacht unter Umständen recht früh und seinem Temperament entsprechend natürlich auch ziemlich „intensiv". Leidenschaftliche Gefühle entwickeln sich und brauchen ein Ventil. Es wäre gut, wenn der heranwachsende junge Mensch in dieser Zeit sportliche und kreative Hobbys pflegt, die das „Dampfablassen" ermöglichen. Einfühlsame Eltern entwickeln jetzt ein offenes Ohr, geben dezente Kommentare, wenn überhaupt, und haben hoffentlich viel „Gottvertrauen". Denn wie immer, macht Widder-Junior auch jetzt „sein Ding" allein. Relativ früh nimmt das dynamische Windelpaket von einst sein Leben selbst in die Hand. Und packt es.

# Das Widder-Kind und seine Mutter

**Widder-Mama**
Sie verstehen sich auf Anhieb, können aber auch einmal kräftig aneinandergeraten. Denn beide sind willensstark bis angriffslustig. Der „widderliche" Zorn ist zwar schnell entfacht, aber ebenso rasch wieder verraucht. Eine gewisse Vertrautheit bildet hier die positive Basis. Sowohl Mama als auch Widder-Junior müssen lernen, gegenseitig etwas mehr Toleranz zu entwickeln. Dann wird die Beziehung harmonischer sein.

**Stier-Mama**
Mit ihr kann man zwar keine Pferde stehlen, doch auf diese Mama ist Verlaß. Sie ist großzügig und fürsorglich, leider auch ein wenig rechthaberisch und nachtragend. Diese beiden müssen sich schon etwas zusammenraufen. Die Stier-Mama sollte sich möglichst sehr schnell daran gewöhnen, daß Widder-Junior viel Freiraum braucht.

**Zwillinge-Mama**
Bei dieser Mama kommt Widder-Junior geradezu ins Schwärmen. Sie ist ein wahrer Tausendsassa und versteht es, den kleinen Wirbelwind in Atem zu halten, auch beim Geschichtenerzählen. Vor lauter Aktionen und Terminen könnten allerdings die Zärtlichkeiten zu kurz kommen. Auch „Power-Kinder" kuscheln gern!

**Krebs-Mama**
Diese Mama hütet ihre Kleinen wie eine Glucke. Das könnte Widder-Junior hin und wieder ganz schön auf die Nerven gehen. Schließlich ist er ein kleiner Kraftprotz, der sein Leben selbständig zu meistern sucht. Doch wenn es ums Kuscheln geht, oder darum, das kindliche Herz auszuschütten, ist diese Mami wirklich einsame Spitze.

### Löwe-Mama

Mit dieser Mama kommt Widder-Junior bestens zurecht. Obgleich sie recht konsequent in der Erziehung ist, hat sie Verständnis für seine Bedürfnisse. Probleme könnte es geben, weil beide über ausgeprägte „Führungsqualitäten" verfügen. Doch eine handfeste Auseinandersetzung klärt die Luft und sorgt dafür, daß diese beiden immer mehr zusammenwachsen.

### Waage-Mama

Diese Mama muß aufpassen, daß ihr Harmoniebedürfnis nicht ausgenutzt wird. Denn Widder-Junior hat es ganz schnell spitz, wie er sie um den kleinen Finger wickeln kann. Dabei braucht er eine gewisse Konsequenz in der Erziehung. Im Idealfall lehrt die Waage-Mama diesen Knirps das, was ihm fehlt: Rücksichtnahme, Diplomatie und „geschliffene Umgangsformen".

### Jungfrau-Mama

An der „Ordnungsliebe" und „neugierigen Fragen" der Jungfrau-Mama könnte die Harmonie gelegentlich scheitern. Doch sie bleibt den vielen kindlichen Fragen keine Antwort schuldig. Wenn sie ihren liebevollen Gefühlen für den Nachwuchs dann noch etwas spontaner Ausdruck verleihen könnte, würden die beiden sich sehr gut ergänzen.

### Skorpion-Mama

Diese Mutter-Kind-Beziehung ist einigen Spannungen ausgesetzt. Beide können ein Herz und eine Seele sein, oder sich abgrundtief hassen. Doch letztlich halten sie zusammen wie Pech und Schwefel. Denn sie sind beide fast aus demselben Holz geschnitzt. Das Problem ist nur, daß dieses „hart" und „kantig" ist. Zum Glück sind sowohl Mutter als auch Kind hart im Nehmen.

### Schütze-Mama

Mit der Schütze-Mama ist Widder-Junior optimal bedient. Sie ist ähnlich veranlagt und kann daher die kindlichen Bedürfnisse gut nachvollziehen, tolerieren und obendrein noch in sinnvolle Bahnen lenken. Beide sind die geborenen Abenteurer und Sportler. Der Ableger lernt spielend fürs Leben. Und was das Tollste ist, hier macht das Lernen auch noch Spaß.

### Steinbock-Mama

Diese Mama empfindet Widder-Junior speziell in jungen Jahren oft als kühl, introvertiert und streng. Doch später wird er ihre mütterlichen Qualitäten und konsequente und unermüdliche Fürsorge zu schätzen wissen. Die Steinbock-Mama sollte deshalb ihre Zuwendung freier zum Ausdruck bringen und sich an der Offenheit des Ablegers ein Beispiel nehmen.

### Wassermann-Mama

Mutter und Kind sind ein „fröhlich-verrücktes" Gespann, das sich gegenseitig sehr gut ergänzt. Allerdings ist diese Mami so tolerant und mit vielen Fragen des Lebens derart beschäftigt, daß „Erziehung" fast zur Nebensache wird. Da Widder-Junior aber ohnehin ein „Selbstgänger" ist, dürfte dies kein nennenswertes Problem darstellen. Wenn er das Gespräch sucht, wird die Wassermann-Mama prompt zur Stelle sein.

### Fische-Mama

Ja, zwischen Fische-Mama und Widder-Kind können Welten liegen. Doch glücklicherweise verfügt diese Mutter über so viel Phantasie und Einfühlungsvermögen, daß sie die kindlichen Wünsche und Bedürfnisse zwar nicht immer verstehen und nachvollziehen, doch auf jeden Fall instinktiv erfüllen kann. Und das meistens schon bevor Widder-Junior seine gefürchteten Wutanfälle bekommt.

# Das Widder-Kind und sein Vater

**Widder-Papa**
Hier halten sich Vater und Kind gegenseitig auf Trab. Das kann zwar etwas anstrengend sein, doch durchaus harmonisch. Auf alle Fälle ist der Widder-Papa ein echter Kumpel, der für jeden Spaß zu haben ist, aber recht energisch werden kann, wenn es einmal nötig ist. Genau das braucht Widder-Junior. Kurzum: Auf diesen Papa wird der stürmische Ableger stolz sein.

**Zwillinge-Papa**
Der Zwillinge-Papa ist ebenso quirlig und lebendig wie sein „feuriger" Nachkömmling. Vor allem in geistiger Hinsicht wirkt dieser Papa herausfordernd und fördernd auf Widder-Junior ein. Der gemeinsame Gesprächsstoff und Termine stehen häufig auf dem Programm. Gut, wenn hier Mama beiden gelegentlich „etwas Ruhe verordnet", denn die brauchen die zwei ab und zu.

**Stier-Papa**
Hier haben wir es ja mit einem gutmütigen und ausgeglichenen Papa zu tun, der stets dafür sorgt, daß es Widder-Junior an nichts mangelt. Was der lebhafte Zögling vielleicht an ihm vermißt, ist eine Portion Pep und Sportlichkeit. Doch beide können voneinander profitieren: der Vater wird beweglicher, das Kind ein wenig ruhiger. Ab und zu jedenfalls.

**Krebs-Papa**
Der Krebs ist ein sehr fürsorglicher und einfühlsamer Papa, der feine Antennen für die Belange und Bedürfnisse seiner Ableger hat. Allerdings ist er auch ein vorsichtiger, manchmal ängstlicher Mann. Widder-Junior bringt ihn mit seinen eigenmächtigen Handlungen und oft abenteuerlichen Exkursionen oft aus der Ruhe. Der Krebs-Papa sollte Junior etwas mehr zutrauen.

**Löwe-Papa**
Obgleich diese Vater-Kind-Beziehung vom Element her (beides Feuerzeichen) harmonisch ist, kann es Probleme geben. Denn der Löwe-Papa erhebt Führungsansprüche, genau wie Widder-Junior. Da hilft es nicht, wenn das „majestätische" Familienoberhaupt laut brüllt, um seine Autorität zu bekräftigen. Junior tut trotzdem, was er will. Doch auf der emotionalen Basis verstehen sie sich bestens.

 **Jungfrau-Papa**
Widder-Junior und Jungfrau-Papi scheinen doch sehr unterschiedliche Interessen und Vorstellungen zu haben. Der unermüdliche Versuch, aus Widder-Junior einen braven, pünktlichen und rationalen Menschen zu machen, wird fehlschlagen. Dieser Papa sollte lernen, daß „Fünfe" auch mal ab und an gerade sein dürfen.

 **Waage-Papa**
So ein Waage-Papa wird ob des robusten und angriffslustigen Wesens seines Ablegers häufig in besorgtes Kopfschütteln verfallen. Denn aus Widder-Junior wird selten eine „Dame" bzw. ein „Gentleman". Nur keine Panik. Dieser kühne Wicht hat andere Qualitäten, von denen man übrigens lernen kann. Und mit der Zeit bekommt er doch seinen „Schliff".

 **Skorpion-Papa**
Hier müssen sich zwei Power-Menschen zusammenraufen. Skorpion-Papa ist introvertiert und steht seelisch oft unter Dampf, während sich Widder-Junior emotional offen und direkt äußert. Leidenschaftlich sind aber beide, und sie toben sich physisch gern aus. Gemeinsame sportliche Aktivitäten können in dieser Vater-Kind-Beziehung als Ventil sehr nützlich sein.

### Schütze-Papa

In dieser Mischung haben es Vater und Kind leicht, sich gegenseitig zu mögen, zu respektieren und zu schätzen. Denn der Schütze-Papi ist charakterlich ähnlich veranlagt wie Widder-Junior. Da ist die geistige und seelische Übereinstimmung groß. Zudem sind beide aktiv und unternehmungslustig. Da kommt sicher Freude auf.

### Wassermann-Papa

Dieses Vater-Kind-Gespann zeichnet sich durch Aktivität und Originalität aus. Der Wassermann-Papi ist nämlich ein geistig interessanter und überaus kameradschaftlicher Zeitgenosse. Am besten findet der optimistische Ableger Papis „verrückte" Ideen und Spaß an Blödsinn. Aber auch sonst ist dieses Vater-Kind-Gespann ein Herz und eine Seele.

### Steinbock-Papa

Ja, hier könnte es Schwierigkeiten in der gegenseitigen Verständigung geben. Der strenge Papa stellt Anforderungen an Widder-Junior, gegen die er sich aufgrund seiner gänzlich anderen Charakterprägung sträuben muß. Der Steinbock-Papa sollte in dieser Hinsicht zu Abstrichen, und beide zu Kompromissen bereit sein.

### Fische-Papa

Obgleich der einfühlsame und tolerante Fische-Papa ein gänzlich anderes Kaliber ist als der Nachkömmling, wird er für Widder-Juniors Bedürfnisse viel Verständnis aufbringen. Trotzdem sollte er hin und wieder mehr Konsequenz an den Erziehungs-Alltag legen. Ein Übermaß an Nachsicht und Zugeständnissen bekommt diesem draufgängerischen Nachwuchs nur bedingt.

# Das Widder-Kind und sein Aszendent

**Widder-Aszendent**
Dieses hyperdynamische Kraftpaket weiß oft nicht wohin mit all der Power, die ihm steckt. Angriffslust und Aggressionen in die richtigen Bahnen zu lenken, ist die größte Schwierigkeit für diesen tollkühnen Knirps. Und die Eltern brauchen Verständnis, Konsequenz und gute Nerven gleichermaßen.

**Zwillinge-Aszendent**
Lebhaft, ja locker, spontan und natürlich, kommt Widder-Junior mit diesem Aszendenten gut zurecht, da er keine inneren Widersprüche auslöst. Die Vielseitigkeit der Interessen kann aber dazu führen, daß Junior sich verzettelt. Ausdauer und Konsequenz wollen gelernt werden.

**Stier-Aszendent**
Dieser kleine Widder gibt sich äußerlich oft ruhig und besonnen, innerlich aber kann es ganz schön brodeln. Denn das feurige Temperament wird durch den Stier-Einfluß nur scheinbar gedämpft. Bei diesem Sprößling sollten die starken Energien in kreative und künstlerische Bahnen gelenkt werden.

**Krebs-Aszendent**
Zwei Seelen in einer kleinen Brust. Tatendrang, Mut und Unerschrockenheit stehen hier im Widerspruch zu Sensibilität und Vorsicht. Mal stürmt dieser Ableger kühn voran, dann wieder zieht er sich zurück in sein Schneckenhäuschen. Die Bandbreite der Verhaltensweisen ist vielfältig und schwankend.

**Löwe-Aszendent**

Mit gesundem Selbstbewußtsein und oft früher Eigenständigkeit entwickelt sich schon der kleine Sprößling zum Prachtexemplar, gibt er gern Kommandos und erwartet, daß diese auch befolgt werden. Die Bereitschaft zu Kompromissen und Anpassung ist hier die Lernaufgabe.

**Jungfrau-Aszendent**

Dieser kleine Widder lebt seine Gefühle, Empfindungen und Bedürfnisse spontan aus, hat aber auch das Bedürfnis nach „geordneten Verhältnissen". Zwischen Impulsivität und Systematik gilt es die Mitte – und natürlich die vielen Antworten zu finden.

**Waage-Aszendent**

Auch hier gibt es oft einige Widersprüche, die im Laufe der charakterlichen Entwicklung in Einklang gebracht werden wollen. Regelt man die Schwierigkeiten mit der Faust, oder entzieht man sich besser der Konfrontation? Bei der Beantwortung dieser Frage können und sollten die Eltern ihrem Kind Entscheidungshilfe beim ständigen Abwägen geben.

**Skorpion-Aszendent**

Physisch und psychisch steht dieses kleine Widder-Exemplar unter Dampf und oft unter selbstgesetztem Leistungsdruck. Toleranz und Nachsicht scheinen ausgesprochene Fremdwörter zu sein. Die Eltern werden ziemlich lange brauchen, um das Vokabular des Ablegers dahingehend zu erweitern.

### Schütze-Aszendent
Dieser Sprößling ist überaus fröhlich, aufgeweckt und ernsthaft an den Dingen seiner Umgebung interessiert, später oft auch dafür engagiert. Die Erziehungsvorschriften wird Widder-Junior generell erst dann akzeptieren, wenn er sie verstehen und für sinnvoll halten kann. Da müssen sich die Eltern schon einige Mühe geben, wenn sie ihr Kind führen wollen.

### Steinbock-Aszendent
Dieser Aszendent sorgt bei Widder-Junior gewissermaßen für „gebremsten Schaum". Denn der spontane emotionale Ausdruck wird diszipliniert und oft auch „zensiert". Spontaneität und sportliche Aktivitäten könnten elterlicherseits ein wenig gefördert werden – das tut Widder-Junior gut, er kommt „auf Trab"…

### Wassermann-Aszendent
Hier haben wir ein kleines Energiebündel mit „verrückten" Ideen. Das Bedürfnis nach Freiheit und persönlicher Unabhängigkeit ist schon früh ausgeprägt. Erziehung funktioniert hier eigentlich nur auf „freundschaftlicher Basis". Bemerkenswert ist das Interesse dieses Kindes an seinem Umfeld.

### Fische-Aszendent
Tatkraft und Phantasie führen zu einem energischen und zugleich hingebungsvollen Charakter. Dieses Kind macht fast einen sanften Eindruck. Doch man lasse sich bitte nicht täuschen. Mars lauert stets im Hinterhalt. Und wenn es mal zu dicke kommt, wird die kleine Hand schnell zur Faust.

# Stier

**21.04.–20.05.**

### Das Kleinkind

Da hat ein freundlicher Wonneproppen das Licht der Welt erblickt. Schon als Baby zeigt Stier-Junior seine Vorzüge: er ist friedlich, umgänglich und häufig „schläfrig". Vorausgesetzt, die Milchration im Fläschchen stimmt und Mama ist mit ihren Schmuse- und Streicheleinheiten besonders großzügig. Dann wird es die Eltern mit seinem zufrieden strahlenden Lächeln entzücken. Kommt Stier-Junior allerdings in die gefürchtete Trotzphase, ist es mit der Ruhe vorbei. Denn natürlich hat das wonnige Stier-Kind, wie jedes andere auch, seine Schattenseite: nämlich einen Dickkopf, der seinesgleichen sucht. Und an diesem können sich die Eltern noch die Zähne ausbeißen, wenn Junior die Pubertät schon überschritten hat. Mit zunehmendem Alter entwickelt Stier-Junior zum Glück auch eine entgegenkommende und kompromißbereitere Ader. Dieser kleine Genießer weiß immer genau, was er will, und er wird es durchsetzen. Im Gegenzug ist es sehr angenehm, daß schon der kleine Stier viel Geduld und Ausdauer besitzt und sich daher oft stundenlang beschäftigen kann.

### Das Schulkind

Gleich zu Beginn seiner Schulkarriere kann es sein, daß Stier-Junior auf recht eigenwillige Ergebnisse kommt. So sind zwei mal zwei auch mal fünf oder drei. Doch im Laufe der Zeit siegt die Einsicht. Abgesehen davon liegen diesem Venus-geprägten Ableger die sprachlichen und musischen Fächer ohnehin besser. Es kann nicht schaden, Stier-Junior beizeiten mit Flöte und/oder Malblock zu bewaffnen, um zu sehen, welche Talente in ihm schlummern. Mit Beginn der Schulzeit entpuppt sich der kleine Wonneproppen von einst übrigens auch als perfekter Gastgeber. Von nun an ist häufiger Kinder-Besuch angesagt. So ist es ratsam, stets einen größeren Vorrat an Limonade und Gummibärchen im Hause zu haben. Denn Junior ist nicht nur ein freundlich-charmanter, sondern auch recht großzügiger Gastgeber. Grundsätzlich wäre zum Thema Schule und Lernen noch anzumerken, daß dieses Kind Lehrern und Erziehern kein besonderes Kopfzerbrechen bereitet. Es ist kein Schnelldenker, lernt und verarbeitet den Stoff dafür aber um so gründlicher. Und was sitzt, das sitzt. So könnte man sie

# Kleiner Genießer mit Sinn fürs Materielle

auch als „Spätentwickler" bezeichnen, die ihr künftiges Leben allerdings sicher und solide in den Griff bekommen.

*Der Teenager* Auch der Übergang von der Kinderstube zum Erwachsenendasein vollzieht sich bei Stier-Junior (im Gegensatz zu manchen anderen Tierkreiszeichen) relativ geruhsam und unauffällig. So entdeckt er das andere Geschlecht recht spät. Mit dem Erwachen erotischer Gefühle und Bedürfnisse kann dieser bodenständige Nachwuchs ziemlich gut umgehen. Denn ihn bringt so schnell nichts aus der Fassung. Doch wenn es ihn „erwischt", dann richtig. Emotionen gehen tief unter die Haut, und die genießerische Anlage will in sinnlicher und zärtlicher Sexualität zum Ausdruck kommen. Liebende Eltern erweisen ihrem Nachwuchs daher einen lebenswichtigen Dienst, wenn sie bei den Aufklärungsgesprächen nicht nur auf die „Fortpflanzung", sondern auch auf das „Lustprinzip" eingehen. Mit dem Auszug aus dem Elternhaus hat es Stier-Junior in der Regel nicht so eilig. Erst wird er sich ein Fundament errichten, daß ihm ein angenehmes und stabiles Leben garantiert.

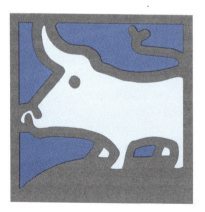

# Das Stier-Kind und seine Mutter

 **Widder-Mama**
Da die Widder-Mama zu Ungeduld neigt, wird sie Mühe haben, ruhig zu bleiben, wenn Junior etwas langsam in die Startlöcher kommt. Doch gerade in diesem Punkt ist der kleine Stier ein guter Lehrmeister für sie. Die Gemeinsamkeit liegt in einer zuversichtlichen und positiven Grundeinstellung zum Leben. Diese Mama bringt ihren Sprößling in einem gesunden Maße auf Trab.

 **Zwillinge-Mama**
Die vielseitige Zwillinge-Mama mit ihrem starken Bedürfnis nach Abwechslung und Kommunikation scheucht Junior häufiger auf, als ihm lieb ist. Da sie aber zu Zugeständnissen bereit ist, werden sich stets akzeptable Kompromisse finden lassen. Aufpassen muß die Zwillinge-Mami auch darauf, daß die Schmuseeinheiten nicht zu kurz kommen.

 **Stier-Mama**
Gleich und gleich gesellt sich gern. Denn Mutter und Kind ziehen in wesentlichen Dingen am gleichen Strang. Probleme könnten sich nur ergeben, weil beide so dickköpfig sind. Da es an Flexibilität und Kompromißbereitschaft mangelt, kann die Harmonie schon mal ins Wanken kommen. Das Einlenken fällt schwer, da beide leider auch noch nachtragend sind.

 **Krebs-Mama**
Stier-Junior und seine Krebs-Mama sind ein harmonisches Gespann. Von den geistigen und seelischen Übereinstimmungen ganz abgesehen. Beide schätzen gepflegte Häuslichkeit und haben ein ausgeprägtes Bedürfnis nach Sicherheit und Geborgenheit. Und zum Kuscheln ist diese Mama geeignet wie kaum eine zweite.

### Löwe-Mama

Mit der Löwe-Mama könnte Stier-Junior seine Schwierigkeiten haben. Denn beide beharren hartnäckig auf ihren Standpunkten, und sind zu Kompromissen nicht oft aufgelegt. Gegenseitige Toleranz ist hier der Schlüssel zur Harmonie. Aber das Leben zu genießen, das verstehen sie.

### Jungfrau-Mama

Diese Mutter-Kind-Beziehung weist gar keine kosmischen Probleme auf. Die Jungfrau-Mama gibt dem Ableger schon von sich aus genau das, was er braucht: Sicherheit, Ruhe und einen festen Lebensrhythmus. Nur mit Lob, und Zärtlichkeiten könnte sie großzügiger sein. Dann wäre das beiderseitige Glück perfekt.

### Waage-Mama

Diese beiden kommen recht gut miteinander aus. Kein Wunder, denn die Waage-Mama ist von Haus aus diplomatisch und der Harmonie wegen zu Kompromissen bereit. So wird sie mit dem kleinen Dickkopf fertig, indem sie ihn hin und wieder ins Leere laufen läßt. Sie sollte ihm dennoch auf jeden Fall etwas mehr Flexibilität beibringen.

### Skorpion-Mama

Die Skorpion-Mama zieht oft ihre Erziehungsvorstellungen konsequent und nicht selten bedingungslos durch. Junior verteidigt seine kindlichen Bedürfnisse ebenso hartnäckig. Hier geraten die beiden schon einmal aneinander. Allen Gegensätzen zum Trotz kann sich hier jedoch ein gegenseitiges tiefes Vertrauen zwischen Mutter und Kind entwickeln.

### Schütze-Mama
Die Schütze-Mama ist eine aktive und begeisterungsfähige Frau, die sich an das ruhige Wesen dieses Kindes erst gewöhnen muß. Dafür lockt sie Stier-Junior mit ihrer erfrischenden Art aus der Reserve. Aber sie braucht viel Verständnis, um den Bedürfnissen des Kindes gerecht zu werden. Zum Glück ist sie damit gesegnet.

### Wassermann-Mama
Die charakterlichen Anlagen von Wassermann-Mama und Stier-Junior sind recht unterschiedlich, doch dank der mütterlichen Toleranz nicht unüberwindlich. Während sie über eine bessere Zukunft diskutiert, ist Junior schon zufrieden, wenn seine elementarsten „irdischen" Bedürfnisse befriedigt werden. Das sollte die Wassermann-Mama im Eifer des „sozialen" Gefechtes auf keinen Fall vergessen.

### Steinbock-Mama
Mit der Steinbock-Mama hat Stier-Junior kaum Probleme. Abgesehen davon, daß sie für seinen Geschmack mit Geld, Lob und emotionaler Zuwendung großzügiger sein könnte, verstehen sich Mutter und Kind bestens, auch ohne große Worte. Sie fördert seine Fähigkeiten konsequent, wobei sie ihren Sprößling aber nicht überfordert.

### Fische-Mama
Mit einer Fische-Mama hat Stier-Junior gute Karten. Sie ist liebevoll, einfühlsam und sehr zärtlich. Da kommt der schmusebedürftige Knirps voll auf seine Kosten. Denn diese Mami spürt, was ihren Ableger bewegt. Oft schon, bevor er es ausgesprochen hat. Hauptsache, Junior wird nicht noch bequemer.

# Das Stier-Kind und sein Vater

**Widder-Papa**
Der Widder-Papa könnte Stier-Junior Leistungen abfordern, die ihm häufig gegen den berühmten Strich gehen. So wird mit diesem besonnenen, eher unsportlichen Wesen einmal mehr an Papas Geduld und Toleranz appelliert. Doch mit etwas gutem Willen, und darüber verfügen beide, wird sich dieses Vater-Kind-Pärchen schon zusammenraufen.

**Zwillinge-Papa**
Der Zwillinge-Papa wird sich vielleicht darüber beklagen, daß Stier-Junior nicht genug Unternehmungsgeist an den Tag legt und versuchen, den häuslichen Ableger zu „aktivieren". Das klappt allerdings nur dann, wenn Junior dazu aufgelegt ist, was nicht allzu häufig der Fall sein wird. Zum Glück trägt dieser Papa das mit Gelassenheit.

**Stier-Papa**
Hier geben sich zwei oft geruhsame, gutmütige Zeitgenossen ein Stelldichein. Senior wie Junior haben gleiche oder ähnliche Interessen. Lediglich die Stier-typische Sturheit steht der trauten Familienidylle im Wege. So rennen Vater und Kind manchmal in die Sackgasse. Da wäre es gut, wenn die Mama es versteht, die Fronten aufzulösen.

**Krebs-Papa**
In dieser Vater-Kind-Beziehung wird es nicht viele Reibungspunkte geben. Denn beide sind friedlich und gutmütig veranlagt, freuen sich, wenn man sie in Ruhe läßt und funken überhaupt auf der gleichen Wellenlänge. Man versteht sich einfach. Da bedarf es keiner großen Diskussionen oder gar Streitgespräche, wie bei vielen anderen Konstellationen.

### Löwe-Papa

Löwe-Papa und Stier-Junior müssen sich ganz schön anstrengen, um ein harmonisches Team zu werden. Denn beide haben für gewöhnlich recht, und da können schon mal die Fetzen fliegen. Dieser Papa sollte sich vor allem davor hüten, zu hohe Erwartungen an den Nachkömmling zu stellen. Denn je mehr er vom kleinen Stier verlangt, um so bockiger wird er.

### Waage-Papa

Dieser Papa ist charmant. Und es gefällt Stier-Junior sehr gut, denn er liebt freundliche und ausgeglichene Menschen. Von Strenge hält dieser Papi nicht besonders viel. Er kann dem Leben die angenehmen Seiten abgewinnen. Da fühlt sich Junior bestimmt wohl. Zumal gerade der Waage-Papa relativ geduldig auf die Eigenheiten des kleinen Stieres eingeht.

### Jungfrau-Papa

Der Jungfrau-Papa ist sozusagen ein Volltreffer. Er ist, wie Stier-Junior auch, im Erdelement zu Hause. Daher sind die väterlichen und kindlichen Charakterzüge ähnlich geprägt. Die geistige und emotionale Übereinstimmung ist hier also kein Problem. Dieser Papa wird großen Wert darauf legen, daß der Sproß viel und vor allem auch gut lernt. Und wenn er es damit nicht übertreibt, wird Junior auch tun, was Papa will.

### Skorpion-Papa

Mit dem Skorpion-Papa hat Stier-Junior vermutlich nicht immer das optimale Auskommen. Denn dieser Papa „bohrt" oft mehr in Juniors „Privatsphäre" und „Innenleben" herum, als diesem lieb ist. Daß dies aus Fürsorge geschieht, versteht er zunächst weniger. Papa sollte mehr Vertrauen entwickeln und ihm seine Privatsphäre und kleinen Geheimnisse einfach gönnen.

### Schütze-Papa

Der Schütze-Papa könnte Fähigkeiten und Leistungen von seinem Stier-Nachwuchs erwarten, die dieser gar nicht erfüllen kann, auch wenn er es wollte. Insofern kann es nicht schaden, wenn Papa versucht, die kindlichen Bedürfnisse nachzuvollziehen. Stier-Junior ist relativ selbständig und „lebenstüchtig". Da wird in der Regel nicht viel schiefgehen.

### Wassermann-Papa

Diese Vater-Kind-Beziehung gestaltet sich auf den ersten Blick nicht unbedingt harmonisch. Hier ist es vor allem der Papa, der seine sprichwörtliche Toleranz walten lassen sollte, um unnötige Spannungen zu vermeiden. Denn zwischen Wassermann-Papa und Stier-Junior können Welten liegen. Doch auch Junior kann etwas Wichtiges von Papa lernen: nämlich Flexibilität.

### Steinbock-Papa

Obwohl der Steinbock-Papa oft eine gewisse Strenge und Konsequenz an den Tag legt, wird Stier-Junior einen recht guten Draht zu ihm entwickeln. Denn beide gehören dem gleichen Element, nämlich der Erde, an. Übereinstimmung und gegenseitige Toleranz sind daher vorgegeben. Und sollten sich dennoch kleine Differenzen ergeben, werden diese sachlich bereinigt.

### Fische-Papa

Fische-Papa und der Stier-Junior ergänzen sich sehr gut. Denn das friedfertige Kind wird Papis Qualitäten zu schätzen (manchmal aber auch auszunutzen) wissen. Er sollte es daher mit seiner Fische-typischen Nachgiebigkeit nicht übertreiben. Denn der kleine Stier braucht zwar einen großzügigen Rahmen, aber auch einen geregelten Lebensrhythmus, um gut zu gedeihen.

# Das Stier-Kind und sein Aszendent

**Stier-Aszendent**
Dieser Aszendent prägt die typischen Stiereigenschaften noch deutlicher aus. Der kleine „Parade-Stier" zeichnet sich durch viel Ausgewogenheit, Beständigkeit und Freundlichkeit aus – und seinen „Dickkopf". So sollten die Eltern zwischen Konsequenz und Nachsicht die goldene Mitte suchen.

**Krebs-Aszendent**
Durch den Krebs-Einfluß wirkt Stier-Junior gelegentlich sehr sanft. Doch dieser Schein könnte trügen. Denn im Grunde seines Wesens weiß dieser sensible Nachwuchs sehr wohl, was er will. Er wird Interessen zwar mit Feingefühl behaupten, aber auch mit großer Beharrlichkeit.

**Zwillinge-Aszendent**
Dieser Aszendent lockert Stier-Junior auf, macht ihn flexibler und gesprächsbereiter. Dieser Knirps braucht nicht nur seine Schmuse- und Streicheleinheiten, sondern auch viel geistige Aufmerksamkeit, da er ein starkes Bedürfnis nach gedanklichem und verbalem Austausch hat. Das sollten seine Eltern wissen.

**Löwe-Aszendent**
Diese kosmische Mischung prägt einen besonders großzügigen Stiertypus aus. Junior gibt sich selbstbewußt und stellt hohe Ansprüche, was die materiellen Dinge (z.B. Spielzeuge, Taschengeld etc.) betrifft. Doch er verteilt auch gern: Geschenke und herzliche Gefühle.

**Jungfrau-Aszendent**
Mit diesem Aszendent herrscht Ordnung zu Hause. Gerade dieses Stier-Kind braucht verläßliche und stabile Rahmenbedingungen. Im übrigen ist Junior sehr lern- und wißbegierig. Er braucht daher viel „geistiges Futter" – und vor allem natürlich Spaß!

**Waage-Aszendent**
Dieses Kind ist reizend, liebenswürdig und charmant. Mit einem Lächeln erreicht Stier-Junior so gut wie alles. Er läßt sich zum Glück aber gut „lenken". Vermutlich zeigt er auch künstlerische Interessen und Neigungen, die man unbedingt fördern sollte.

**Skorpion-Aszendent**
Freundlicher Stier mit „Biß". Aus der Stier-Sonne und dem Skorpion-Aszendenten ergibt sich ein liebenswürdiger Charakter mit stark ausgeprägtem Durchsetzungsbedürfnis. Die Eltern sollten daher die Fähigkeit ihres Kindes zur Einsicht fördern, damit dessen Ehrgeiz auf ein möglichst gesundes Niveau kommt.

**Schütze-Aszendent**
Dieser Sproß zeigt sich gern von seiner aufgeschlossenen und spontanen Seite. Andererseits reagiert er gemäßigt und bedächtig. Er hat deshalb hin und wieder mit inneren Widersprüchen zu kämpfen. Sportliche und/oder kreative Aktivitäten können in diesem Fall hilfreich sein.

### Steinbock-Aszendent

Diese Kombination ist vom Element her zwar harmonisch, doch der Aszendent drängt Junior Ernsthaftigkeit und Enthaltsamkeit auf, die seinem eher freundlichen und genießerischen Naturell widersprechen. Die Eltern sollten darauf achten, daß aus Junior kein „griesgrämiger Stubenhocker" wird.

### Fische-Aszendent

Dieser kleine Stier verfügt über die Gabe, persönliche Interessen zu behaupten, ohne die Bedürfnisse anderer zu verletzen. Denn er ist mit Einfühlungsvermögen und Vorstellungskraft reich gesegnet. Bei Bedarf zieht er sich in die Welt seiner Träume zurück. Kluge Eltern gestatten ihm das auch.

### Wassermann-Aszendent

Hier muß der Stier-Junior Widersprüche in Einklang bringen. Einerseits möchte er sich durch Originalität von der Masse abheben, andererseits ist er konservativ und bodenständig. Eltern sollten ihm helfen zu experimentieren, damit er die goldene Mitte findet.

### Widder-Aszendent

Eine sehr optimistische und fröhliche Ausstrahlung geht von diesem Stierchen aus. Passiv ist dieser Junior gewiß nicht. Der Widder-Aszendent schürt den Bewegungsdrang und oft auch sportliche Talente. Stier-Junior entpuppt sich als Genießer mit Power. Er ist das, was man gerne einen echten „Selbstgänger" nennt.

# Zwillinge 21.05.–21.06.

## Das Kleinkind

Kaum hat dieses kleine Bündel Mensch das Licht der Welt erblickt, läßt es auch schon seine interessierten und neugierigen Blicke kreisen. Eine Eigenschaft, die es übrigens sein ganzes weiteres Leben nicht mehr ablegen wird. Zwillinge-Junior ist nämlich ein überaus aufgewecktes, vielseitiges und kontaktfreudiges Wesen. Wir haben es hier mit einem besonders „hellen Köpfchen" zu tun. Da Klein-Zwilling die Welt möglichst schnell kennenlernen will, übt er sich schon früh im Laufen, und vor allen Dingen im Sprechen. Denn der verbale Austausch – die Kommunikation schlechthin – ist für ihn lebenswichtig. Und so wird dieser kleine Springinsfeld Mama und Papa von nun an immer wieder in lebhafte Diskussionen verwickeln, bis ihnen die Köpfe rauchen. Diesen cleveren Ableger kann man deswegen auch schon beizeiten im Kindergarten anmelden. Denn da hat er ein reiches Betätigungs- und Gesprächsfeld unter Gleichaltrigen. Das Basteln wird Zwillinge-Junior sicherlich auch großes Vergnügen bereiten, weil er nämlich nicht nur ein redseliger, sondern auch ein fingerfertiger Nachwuchs ist.

## Das Schulkind

Spätestens jetzt sollten fürsorgliche Eltern ihrem quicklebendigen Nachwuchs einen Terminkalender schenken. Denn das Lesen und Schreiben beherrscht er vermutlich sowieso in Nullkommanichts, und weil Zwillinge-Junior sich mit Begeisterung und möglichst vielen Kindern verabredet, lernt er so hoffentlich schon rechtzeitig, (Termin-) Streß auf ein gesundes Minimum zu reduzieren. Die Schule als solche dürfte kein Problem darstellen. Zwillinge-Junior verfügt über eine rasche Auffassungsgabe und kann Erlerntes sicher und vielfältig umsetzen und anwenden. Da werden die Lehrer ihre Freude haben. An seinem „zappeligen" Naturell vermutlich weniger. Junior bewegt sich nicht nur geistig sehr gern, gut und schnell, sondern auch körperlich. Doch im Laufe der (Schul-) Zeit lernt dieser quirlige Sproß natürlich auch das Stillsitzen – und Zuhören. Denn das sei auch erwähnt: Kleine Zwillinge geben mit Vorliebe ihre Kommentare ab, auch unaufgefordert, versteht sich. Eine Angewohnheit übrigens, die sie selbst später nur schwer abstellen.

# Kleiner Quirl mit Charme und Köpfchen

Manche Eltern sind vielleicht besorgt, weil Junior scheinbar selten Hausaufgaben macht. Und wenn doch, gleichzeitig mit anderen Dingen beschäftigt ist. Keine Sorge. Dieser patente und vielseitige Ableger lernt quasi spielerisch dank der raschen Auffassungsgabe, Merkfähigkeit und seines gut ausgeprägten Intellekts. Übertriebenen Ehrgeiz und verbissenes Pauken hat der kleine Zwilling daher meist gar nicht nötig.

*Der Teenager* Stellt sich erst die Pubertät ein, hat Zwillinge-Junior, der sonst mit allen Situationen, Gegebenheiten und Herausforderungen des Lebens so geschickt und mühelos fertig wird, allerdings doch so seine Schwierigkeiten. Er bewegt sich als „Kopf"-Mensch lieber auf der logisch-rationalen Ebene. Kommen nun Gefühle ins Spiel, gelten die alten und gewohnten Regeln und Muster nicht mehr, was ihn natürlich verunsichern kann. Damit der pubertäre Zwilling dennoch ohne große Probleme „beziehungsfähig" wird, sollten Eltern schon sehr früh darauf achten, daß dieser geistreiche Nachwuchs die Welt der Gefühle nicht verdrängt, sondern sich darin sicher bewegen und zu Hause fühlen kann. Dazu müssen diese nicht ständig an ihrem kleinen Zwilling herumschmusen. Es reicht, wenn sie ihm das Gefühl von Geborgenheit und Präsenz geben, damit sich die kindliche Seele öffnen und entfalten kann.

# Das Zwillinge-Kind und seine Mutter

**Widder-Mama**
Der Zwillinge-Junior wird zu seiner Widder-Mama in der Regel ein gutes und freundschaftliches Verhältnis haben. Sie ist ebenso unternehmungslustig wie er selbst, nur noch ein wenig temperamentvoller. Während sie für körperliche Aktivitäten sorgt, liefert Junior die geistigen und verbalen Beiträge. Und so bilden sie ein quicklebendiges und herzerfrischendes Team.

**Zwillinge-Mama**
Hier werden die Abwechslung und Unternehmungslust so großgeschrieben, daß es hin und wieder in regelrechten Streß ausarten kann. Damit kann Zwillinge-Junior zwar ganz gut umgehen, weil er die Vielseitigkeit ja liebt. Doch ab und zu benötigt der kleine Wirbelwind auch geruhsame Phasen. Das Abschalten muß er unbedingt lernen.

**Stier-Mama**
Die Stier-Mama ist dem Tempo ihres Zwillinge-Ablegers nicht immer ganz gewachsen, jedoch großzügig und fürsorglich genug, um ihn gewähren zu lassen. So wirkt sich ihre ruhige Kraft überaus positiv und stabilisierend auf den „hektischen" Nachwuchs aus. Beide können sich gut ergänzen und auch voneinander lernen.

**Krebs-Mama**
Die Krebs-Mama wird als geborene „Glucke" ohnehin keine Probleme haben, ihren gänzlich anders gearteten Zwillinge-Nachwuchs so zu tolerieren und zu lieben wie er ist. Und wenn sie es mit ihrer Fürsorge und Zuwendung dann und wann mal übertreibt, wird der redegewandte Sprößling ihr sicherlich freundlich, aber unmißverständlich, klarmachen, daß er auch mit „weniger" auskommt.

**Löwe-Mama**
Diese beiden passen eigentlich sehr gut zusammen. Löwe-Mama sollte jedoch nur beizeiten akzeptieren, daß Zwillinge-Junior auf „Kommandos" nicht reagiert, sondern von erzieherischen Notwendigkeiten sachlich und logisch überzeugt werden will. Wenn sie das beherzigt, werden beide eine ebenso interessante wie vertrauensvolle Beziehung aufbauen können.

**Waage-Mama**
Hier haben wir es ja wieder mit einer fast klassischen Ein-Herz-und-eine-Seele-Kombination zu tun. Beide sind vom Luftelement geprägt. Da ist Gleichklang vorprogrammiert, vor allem deshalb, weil Mama so harmoniebedürftig ist. In diesem Fall haben sich offenbar zwei gesucht und gefunden – eine sehr gut zusammenpassende Konstellation also.

**Jungfrau-Mama**
Hier könnten sich einige Komplikationen ergeben. Vor allen Dingen könnte der Ordnungstrieb der Jungfrau-Mama Junior ziemlich nerven. Wenn sie nur über ihren Schatten springen und das gelegentliche Chaos im Kinderzimmer gelassen ertragen könnte. Dann herrscht Übereinstimmung, und der interessante Gesprächsstoff geht nicht aus.

**Skorpion-Mama**
Bei der Skorpion-Mama fühlt Zwillinge-Junior sich nicht immer ganz behaglich. Oft wird sie allzu intensiv in seine persönlichen, und vor allem emotionalen, Bereiche vordringen. Und das mag dieser Sproß nicht gern. Diese Mama müßte ihre „Neugier" auf geistige Belange richten. Mit gegenseitiger Toleranz werden sich beide nicht nur gut verstehen, sondern auch ergänzen.

### Schütze-Mama

Die Schütze-Mama will das Beste für ihren aufgeweckten Nachwuchs. Die Frage ist nur, ob Zwillinge-Junior die Prioritäten genauso setzt wie sie. Mama sollte sich davor hüten, ihrem Sprößling Oberflächlichkeit vorzuwerfen. Während sie nach dem Sinn des Lebens sucht, ist Junior schon zufrieden, wenn er die Zusammenhänge begreift. Wie gut, daß Mama tolerant ist.

### Wassermann-Mama

Mit der lockeren und „ausgeflippten" Wassermann-Mama wird Zwillinge-Junior sehr zufrieden sein. Denn sie ist ganz und gar nach seinem Geschmack: aufgeschlossen, geistig beweglich und an allen Dingen interessiert. Langeweile scheint für beide ein Fremdwort zu sein. Und für kindlichen Blödsinn jeder Art hat diese Mami ziemlich viel Verständnis. Sie erzieht nicht, sie „motiviert".

### Steinbock-Mama

Zwischen Mutter und Kind können hier ja Welten liegen. Die Verständigung ist schwierig, ganz zu schweigen von größeren Übereinstimmungen. Doch nichts ist unmöglich bei Zwillinge-Junior. Wenn die Steinbock-Mama die lockere Lebenseinstellung des Ablegers akzeptiert, wird dieser seinerseits bemüht sein, ihre „strenge Fürsorge" richtig zu interpretieren.

### Fische-Mama

Fische-Mama und Zwillinge-Junior kommen von ihren Interessen und der charakterlichen Anlage her nur schwerlich auf denselben Nenner. Während Mama emotionale Schwerpunkte setzt, bewegt sich Junior lieber auf der rationalen Ebene. Doch diese einfühlsame Mama kann manche Differenzen „auflösen". Trotzdem besteht die Gefahr, daß sie ancinander vorbeireden und -leben.

# Das Zwillinge-Kind und sein Vater

**Widder-Papa**
Der Widder-Papa und Zwillinge-Junior halten sich ja gegenseitig auf Trab. Mit seiner spontanen und optimistischen Art spornt Papa den Ableger positiv an. Während Klein-Zwilling dafür sorgt, daß die Ideen für gemeinsame Aktivitäten wie auch der Gesprächsstoff nicht ausgehen. Kurzum: Bei diesen beiden herrscht (überwiegend) eitel Sonnenschein.

**Zwillinge-Papa**
Hier ist immer etwas los. Denn das Bedürfnis nach Abwechslung, Unterhaltung und geistiger Anregung findet sich gleich in zweifacher Potenz. Junior wie Senior sind ganz in ihrem Luft-Element. Dieses Vater-Kind-Gespann kann dadurch natürlich auch Streß und Hektik verbreiten. Doch solange sie nicht übertreiben, werden sie sich in ihrer Haut wohl fühlen.

**Stier-Papa**
Frühere geruhsam-gemütliche Feierabende und Wochenenden kann Stier-Papi sich nun abschminken. Als gutmütiger und fürsorglicher Vater wird er sich häufiger aus dem bequemen Sessel locken lassen, als es ihm eigentlich lieb ist. Und wenn der Stier-Papa die Eigenheiten des Zöglings nicht unnötig „korrigiert", kommen beide gut zurecht.

**Krebs-Papa**
Die große geistige und emotionale Übereinstimmung ist in dieser Beziehung nicht gegeben. Der Krebs-Papa ist jedoch von Haus aus recht nachsichtig und legt viel Verständnis für seinen Nachwuchs an den Tag. Und was Junior besonders gut gefällt: der Krebs-Papa pocht nicht so sehr auf Ordnung und Disziplin, wie manch anderer Vater.

**Löwe-Papa**

Zu einem Löwe-Papa wird der Zwillinge-Junior einen ziemlichen heißen, aber guten Draht entwickeln. Daß dieser Papa eine dominante Ader hat, stört Klein-Zwilling vermutlich nicht sonderlich. Denn bis zu einem gewissen Grad ist er bereit, sich Papas Vorstellungen anzupassen. Außerdem versteht Junior es, Papa geschickt und unmerklich das Wort im Munde umzudrehen.

**Waage-Papa**

Mit diesem Papa hat Klein-Zwilling einen echt „tollen Fang" gemacht. Denn Waage-Senior funkt auf der gleichen Wellenlänge wie der Junior. Beide sind gesellig, unternehmungslustig und diskussionsfreudig. Und diese gemeinsamen Interessen pflegen Senior und Junior vermutlich auch dann noch, wenn der (oder die) „Kleine" schon groß, also der Kinderstube entwachsen ist.

**Jungfrau-Papa**

Der Jungfrau-Papa ist zwar ein umgänglicher Zeitgenosse, dennoch hat Zwillinge-Junior hier nicht immer einen leichten Stand. Diese beiden sind in ihren Grundbedürfnissen einfach zu gegensätzlich veranlagt. Hier ist es wichtig, daß vor allem Papa, aber auch Junior, regelmäßig das Gespräch suchen. Denn so bekommen sie ihre Unterschiedlichkeit am besten in den Griff.

**Skorpion-Papa**

Der Skorpion-Papa hat so seine Prinzipien. Zwillinge-Junior wird sich deshalb häufiger mal die Zähne an ihm ausbeißen. Doch umgekehrt ist es ebenso. Denn wie hartnäckig dieser Papa seine Erziehungsideale auch durchsetzen mag, Junior ist clever genug, um ihn „auszutricksen". Das verursacht bei diesem zunächst Ärger, dann aber auch eine gewisse Bewunderung.

**Schütze-Papa**
In diesem Fall streben Vater und Kind manchmal in die entgegengesetzte Richtung, können sich letztlich aber optimal ergänzen. Vor allen Dingen sind beide geistig sehr beweglich und vielseitig interessiert. Doch während der Schütze-Papa in hohen Lebensphilosophien schwelgt, beschäftigt sich Zwillinge-Junior lieber mit der praktisch-zweckmäßigen Seite aller Dinge.

**Wassermann-Papa**
Wassermann-Papa und Zwillinge-Junior. Das ist eine fast unschlagbare Mischung. Wenn Senior und Junior so richtig in Form sind, bleibt kein Auge trocken. Intensive Gespräche, in denen es keineswegs nur um die rationalen und praktischen Dinge des Lebens geht, sollte Papi unbedingt unterstützen. Er „rüstet" den Ableger damit für die Zukunft.

**Steinbock-Papa**
Der Steinbock-Papa wünscht sich ein ehrgeiziges, fleißiges und diszipliniertes Kind. Und genau damit kann Zwillinge-Junior nicht dienen. So sind Differenzen schon vorprogrammiert. Andererseits ist Senior von den geistigen Glanzleistungen, die dieser pfiffige Nachwuchs erbringt, beeindruckt. Diese sollte er fördern – und das Chaos im Kinderzimmer gelassen ertragen.

**Fische-Papa**
Diese beiden scheinen in völlig verschiedenen Welten zu leben. Doch Fische-Papa ist vermutlich gerade deshalb bemüht, die Motivationen seines vielseitigen Ablegers zu verstehen. Dank seiner reichen Phantasie gelingt ihm das auch. Wenn nicht, hilft nur noch die Toleranz und Nachsicht des Fische-Papa.

# Das Zwillinge-Kind und sein Aszendent

### Zwillinge-Aszendent

Ja, diese kosmische Mischung prägt die typischen Zwillinge-Eigenschaften sehr deutlich aus. Das Bedürfnis nach geistigen Anregungen kennt kaum Grenzen. Auch der Redefluß ist beachtlich. Doch es ist enorm wichtig, daß dieses Kind sich mitteilen und austauschen kann.

### Löwe-Aszendent

Der „stolze Denker". So könnte man diesen kleinen Zwilling bezeichnen. Er ist selbstbewußt und von sich überzeugt. Auch von dem, was er sagt. Insofern sollte der Knirps lernen, seine Äußerungen zu überprüfen. Er könnte womöglich als „Angeber" abgestempelt werden.

### Krebs-Aszendent

Neben der Kopf- hat dieser kleine Zwilling auch einiges an Seelenarbeit zu leisten. Eltern sollten deshalb darauf achten, daß der gefühlsmäßige Ausdruck (und Austausch) nicht zu kurz kommt, dabei aber einfühlsam auf den etwas sensiblen Nachwuchs eingehen.

### Jungfrau-Aszendent

Merkur, der kosmische Denker, übernimmt bei dieser kleinen Persönlichkeit die Schirmherrschaft ein. Dieser kleine Zwilling muß lernen, die Welt der Gefühle in seine eher rationale Haltung zu integrieren. Er schwankt auch zwischen dem Bedürfnis nach fester Planung und Spontaneität. Doch geistig ist er stets auf Draht.

### Waage-Aszendent
In dieser harmonischen Kombination ist der kleine Zwilling sehr aufgeweckt, freundlich und charmant. Da er auf Harmonie bedacht und zudem ein guter Redner ist, kann er in kritischen Situationen prima schlichten. Dieses entgegenkommende Kind hat das Zeug zum Lebenskünstler.

### Schütze-Aszendent
Auch dieser Aszendent verlangt Zwillinge-Junior mehr Tiefgang ab. Im Idealfall wird er mit seinen intellektuellen Fähigkeiten versuchen, die Sinnhaftigkeit hinter der Funktionalität zu entdecken. Dieser Nachwuchs muß das Leben verstehen können. Klar, daß Eltern hier mit Kopf und Herz gefordert sind.

### Skorpion-Aszendent
Mit diesem Aszendenten könnte Zwillinge-Junior Probleme haben. Denn er verlangt oft nach einer psychischen Tiefe, die zu Juniors „flatterhaften" Naturell nicht paßt. Der Ableger kann aber lernen, Intensität und Leidenschaften in verstandesmäßige Bahnen zu lenken. Er ist dann der geborene Forscher und Gelehrte, der die Welt entdecken will.

### Steinbock-Aszendent
Diese Kombination ist nicht unbedingt harmonisch. Einerseits gibt sich Junior zurückhaltend, konzentriert und diszipliniert. Andererseits möchte er das Leben von der lockeren und spontanen Seite angehen. Die Eltern sollten darauf achten, daß Spaß und Vergnügen nicht auf der Strecke bleiben.

### Wassermann-Aszendent

Hier haben wir es mit einem besonders aufgeweckten und fröhlichen, aber auch engagierten Zwillinge-Kind zu tun. Denn es interessiert sich für alles und jeden und setzt sich kritisch und unkonventionell damit auseinander. Dieser Knirps liebt verrückte Situationen. Er braucht viel Freiraum – und sehr tolerante Eltern.

### Fische-Aszendent

Mit diesem Aszendenten lebt Zwillinge-Junior zwischen Rationalität und Emotionen. Mal gibt er sich distanziert, dann wieder anteilnehmend und liebevoll. Dieser Sprößling braucht vor allem viel seelischen Halt und behutsame Zuwendung, wo es nur irgendwie möglich ist.

### Widder-Aszendent

Dieser kleine Zwilling ist nicht nur geistig, sondern auch körperlich sehr beweglich. Beide Talente sollte er ausleben dürfen, um sich gut und gesund entfalten zu können. Die Eltern werden hier gelegentlich Schwierigkeiten haben, bei Juniors Tempo mitzuhalten.

### Stier-Aszendent

Mit dem Stier-Aszendenten wird Zwillinge-Junior nur ein bißchen ruhiger und ausgeglichener. Denn Abwechslung und Vielfältigkeit stehen hoch im Kurs. Für kleine Ruhepausen müssen in diesem Fall deshalb kluge Eltern sorgen. Notfalls auch mit kleinen Tricks.

# Krebs  22.06.–22.07.

*Das Kleinkind* Da liegt es nun in der Wiege, das kleine Krebslein. Herzig und hilflos wie alle Babys. Doch dieses kleine Menschlein braucht überdurchschnittlich viel Aufmerksamkeit und Zuwendung. Die Mama ist in diesem Fall ganz besonders gefordert, denn an ihrem Rockzipfel wird Junior von nun an hängen bis er erwachsen ist – und manchmal sogar ein Stückchen darüber hinaus. Erfreulich ist, daß dieser zartbesaitete Nachwuchs so anhänglich und anlehnungsbedürftig ist. Mit freundlichen Worten und liebevollen Gesten läßt er sich leicht lenken. Schwierig kann es hingegen werden, wenn Junior sich völlig verschließt und in sich selbst zurückzieht. Und das tut er nicht selten, weil er sein sensibles Seelchen vor der rauhen Welt schützen will. Die Eltern brauchen dann viel Fingerspitzengefühl im Umgang mit dem kleinen Krebs. Manchmal ist es auch wichtig, den kleinen Spatz vorsichtig aus der Reserve zu locken. Und wenn dieses Kind lächelt, sind Mama und Papa im siebenten Elternhimmel … Unverzichtbar sind die Gutenachtgeschichten. Dann kommt Krebslein mit seinen Geheimnissen und kann auch gleich seinen „Seelenmüll" loswerden.

*Das Schulkind* Prinzipiell hat Krebs-Junior nichts gegen die Schule einzuwenden. Doch er wird das Gefühl nicht los, daß er nicht für sich, sondern für die Lehrer lernt. Und ist ihm der eine oder andere „Pauker" gänzlich unsympathisch, können die Leistungen sogar darunter leiden. Denn der persönliche Bezug ist für diesen feinfühligen Nachwuchs stets von großer Bedeutung. Das gilt natürlich auch für die Schule und später für die Berufsausbildung. Zum Glück reagiert dieser süße Fratz auf liebevollen Zuspruch ja positiv. Im übrigen ist Krebs-Junior nicht gerade vom Ehrgeiz besessen. Das verhindert schon sein angeborenes Phlegma. So „schlendert" er mehr oder weniger von Klasse zu Klasse, bis das Ziel erreicht ist und kann, wenn Lust und Laune vorhanden, nennenswerte Leistungen bringen. Vor allem auch im kreativen Bereich. Denn mit Phantasie ist Krebs-Junior gesegnet wie kaum ein zweiter. An Tuschkasten, Malstiften, Knetmasse und anderen Materialien wird er deshalb ziemlich lange besondere Freude haben. Wichtig ist übrigens auch, daß

# Kleiner Fratz mit großer Seele

das Krebslein möglichst ein eigenes Kinderzimmer hat. Denn der gelegentliche Rückzug in seine gemütliche „Höhle" ist immer noch angesagt. Apropos Höhle. Mit der Ordnung hat es der kleine Krebs ebensowenig wie mit der Disziplin. Es wird deshalb ziemlich lange dauern, bis aus seinem Schlupfwinkel ein aufgeräumtes Zimmer wird.

## Der Teenager

Zwei Schritte vor und einen zurück. An diese Gangart hat Krebs-Junior sich bis jetzt weitgehend gehalten. Auch im Teenageralter wird sich da nicht viel ändern. Ob Mädchen oder Junge, kleine und größere Krebse sind halt Spätentwickler, die es aus Vorsichtsgründen nicht lieben, die Dinge zu überstürzen. So entdeckt dieser sensible Nachwuchs auch die Liebe und das andere Geschlecht relativ spät. Da er in der Welt der Gefühle zu Hause ist, wird es keine nennenswerten Probleme geben. Ist Krebslein dann flügge, kann man ihn beruhigt ziehen lassen. Der kleine Fratz von einst entwickelt nämlich eine Selbständigkeit, die die Eltern überraschen wird.

# Das Krebs-Kind und seine Mutter

**Widder-Mama**
Krebs-Junior empfindet die Widder-Mama gelegentlich als zu stürmisch und direkt. Deshalb sollte sie sich um sanfte Umgangsformen bemühen. Doch sie ist ein wahrer Kumpel, der für den Sproß schon mal die Kastanien aus dem Feuer holt. Im Idealfall macht Junior die Mama „sanfter", und Mama reißt Junior aus seiner „Lethargie".

**Stier-Mama**
Mit der Stier-Mama kommt Krebs-Junior schnell auf einen gemeinsamen Nenner. Beide haben eine häusliche, friedfertige und manchmal auch phlegmatische Ader. Diese Mami ist fürsorglich, geduldig und „schmusig". Und sie achtet nicht nur auf sein seelisches, sondern auch leibliches Wohlbefinden. Pluspunkte, die den kleinen Krebs dann hundertprozentig überzeugen.

**Zwillinge-Mama**
Da Krebs-Junior die Zurückgezogenheit liebt, hat er mit der Zwillinge-Mami seine Schwierigkeiten. Sie ist so fröhlich, unternehmungslustig und diskussionseifrig, daß Junior sich „gestreßt" fühlen kann. Zum Glück ist diese Mama einsichtig genug, daß sie die kindlichen Bedürfnisse respektiert. Und: sie kann die tollsten Gutenachtgeschichten erzählen, die man sich vorstellen kann!

**Krebs-Mama**
Diese Mutter-Kind-Beziehung wird sehr gut funktionieren. Beide sind besonders gefühlsbetont, sensibel und empfänglich für die Bedürfnisse anderer Menschen. Dennoch kann es zu kleinen, generationsbedingten Meinungsverschiedenheiten kommen. Dann schmollen beide um die Wette, anstatt sich einmal gründlich und offen über ihre „Problemchen" auszusprechen.

### Löwe-Mama

Die Löwe-Mama legt starke Beschützerinstinkte an den Tag; da fühlt sich Krebs-Junior wohl und geborgen. Es stört es den Nachwuchs selten, daß Mama häufig bestimmt, wo es langgeht. Die stolze Mama sollte ihre Führungsqualitäten nicht zu sehr unter Beweis stellt, sonst verläßt Junior sich zu sehr auf sie, und seine Selbständigkeit bleibt auf der Strecke.

### Waage-Mama

Das Miteinanderauskommen gestaltet sich in dieser Verbindung durchaus harmonisch, denn sowohl die Waage-Mama wie auch das Krebs-Kind sind friedfertige und umgängliche Zeitgenossen. Doch mit der tieferen emotionalen bzw. seelischen Übereinstimmung könnte es hapern. Diese Mama sollte nicht nur Interesse, sondern auch viel Gefühl für ihren Ableger zeigen.

### Jungfrau-Mama

Abgesehen davon, daß diese Mama etwas „pingelig" ist und aufgeräumte Kinderzimmer erwartet, hat Krebs-Junior einen guten Draht zu ihr. Aufpassen muß die Jungfrau-Mama nur, daß sie mit Lob und liebevoller Zuwendung nicht zu sparsam umgeht. Denn davon kann das gesamte Wohlergehen und die positive Entwicklung dieses empfindsamen Sprößlings abhängen.

### Skorpion-Mama

Die Skorpion-Mama ist goldrichtig für Krebs-Junior. Sie verfügt über seelischen Tiefgang und ein untrügliches Gespür für die Bedürfnisse des sensiblen Sprößlings. Sie zeigt aber auch eine gewisse Konsequenz in ihrer Erziehung. So wird sie instinktiv und zielstrebig ihren kleinen Schatz in die richtige Richtung steuern und einen lebenstüchtigen Erdenbürger aus dem Junior machen.

### Schütze-Mama

Die Schütze-Mama hat viel mit ihrem Krebs-Nachwuchs vor. Während sie die große weite Welt erobern will, macht es sich Junior lieber gemütlich und hängt seinen Phantasien nach. Beide können viel voneinander lernen. Denn Idealismus (Mama) und Kreativität (Junior) ergänzen sich letztlich ausgezeichnet. Vorausgesetzt, Mama ist gefühl- und vor allem verständnisvoll.

### Steinbock-Mama

In diesem Fall wird es dem Krebs-Junior an nichts mangeln. Etwas könnte der sensible Knirps an der Steinbock-Mama aber vermissen, nämlich den spontanen Ausdruck ihrer Gefühle. Diese Mami ist sehr diszipliniert und emotional zurückhaltend. Wenn sie häufiger über ihren Schatten springen würde, könnten beide zu einem starken Team zusammenwachsen.

### Wassermann-Mama

Hier gilt es einige Widersprüche und Gegensätze zu überwinden, bevor Mutter und Kind ein Herz und eine Seele sind. Diese Mama ist eher kopfbetont, während Junior in der Welt der Gefühle und der Träume lebt. Speziell für letztere wird die Wassermann-Mama aber empfänglich sein und ihm helfen, sie zu verwirklichen.

### Fische-Mama

Fische-Mama und Krebs-Junior verstehen sich auf Anhieb, weil beide sehr einfühlsam und intuitiv sind. Da bedarf es keiner großen Worte und Erklärungen. Mutter und Kind ergänzen sich harmonisch. Sie schauen sich nur an und wissen Bescheid. Ordnung und Disziplin wird diese Mama ihrem Nachwuchs allerdings nicht vermitteln. Davon hält sie selbst auch nichts.

# Das Krebs-Kind und sein Vater

**Widder-Papa**
Dieser Widder-Papa ist ein stürmischer „Draufgänger" und wird schon von daher für die sensible und zurückhaltende Veranlagung seines Ablegers kaum Verständnis aufbringen. Dennoch sollte er sich diese Mühe geben. Sonst verlangt er Leistungen, die dem Kind eher schaden als nützen. Und das will er ja nicht. So kann er etwas über Geduld und Nachsicht lernen.

**Zwillinge-Papa**
Der Zwillinge-Papa kann den introvertierten Nachwuchs aus der Reserve locken. Denn er versteht es, Junior neugierig und aufgeschossener zu machen. Trotzdem sollte er es respektieren, daß der kleine Krebs nicht ständig „auf Sendung" sein will. Wenn er darauf ein wenig Rücksicht nimmt, werden Vater und Kind ein fröhliches und herzliches Gespann.

**Stier-Papa**
Dieser Papa ist für Krebs-Junior maßgeschneidert. Papa ist häuslich, meistens ausgeglichen und auch ein aufmerksamer Zuhörer, wenn Krebslein mal sein Kinderherz ausschütten möchte. Beim Stier-Papa kann der sanfte Nachwuchs den nötigen Halt finden, den er immer wieder braucht. Mit liebevoller Konsequenz lenkt Papa die kindlichen Schritte in die positive Richtung.

**Krebs-Papa**
In diesem Fall sind viele Übereinstimmungen gegeben. Doch ein Übermaß an Ähnlichkeit kann auch Probleme mit sich bringen. So kann die beiderseitige Verschlossenheit dazu führen, daß Senior und Junior sich lieber in Schweigen hüllen, anstatt sich offen zu begegnen. Damit würden sie sich selbst um den seelischen Tiefgang und die emotionale Intensität der Beziehung bringen.

### Löwe-Papa
Dies ist ein richtiger „Beschützer"-Papa, der Junior viel Herz und Gefühl entgegenbringt, ihm aber auch häufig sagt, wo es langgeht. Letzteres wird Krebs-Junior nicht immer gefallen. Bei aller Sensibilität weiß dieser Sprößling sehr wohl, was er will und beansprucht ein gewisses Maß an Entscheidungsfreiheit. Wenn Senior ihm das gestattet, kommen beide sehr gut miteinander aus.

### Waage-Papa
Der Waage-Papa und Krebs-Junior finden nicht sofort und überall einen gemeinsamen Nenner. Dennoch kommen sie recht harmonisch miteinander aus. Beide scheuen die Konfrontation und gehen daher schnell Kompromisse ein. Ob das von Vorteil ist, scheint fraglich. Die Auseinandersetzung mit dem Leben gehört zu Krebsleins wichtigen Lernaufgaben.

### Jungfrau-Papa
Diese Vater-Kind-Beziehung kann sich sehr gedeihlich entwickeln. Dem Jungfrau-Papa graust es zwar vor dem Chaos im Kinderzimmer, doch so lernt er „andere Lebensweisen" anzuerkennen. Vielleicht auch, daß der Schwerpunkt im Leben keineswegs der Kopf sein muß, sondern auch Gefühle sein können. Gute Chancen für ein erfolgreiches Zusammenraufen.

### Skorpion-Papa
Auf den Skorpion-Papa ist nicht nur Verlaß in allen Lebenslagen, er funkt auch auf der gleichen Wellenlänge wie Krebs-Junior. Obwohl Papa oft konsequent, unbequem und herausfordernd sein kann, hängen diese beiden aneinander wie die Kletten. Senior sollte darauf achten, daß die Verständigung nicht nur stillschweigend emotional, sondern auch verbal geschieht.

### Schütze-Papa

Der Schütze-Papa ist unabhängig, sportlich und meist auch recht anspruchsvoll. Allesamt Eigenschaften, die auf Krebs-Junior nicht unbedingt zutreffen. Da heißt es, sich zusammenraufen. Wie gut, daß dieser Papa so verständnisvoll sein kann. So können die beiden dicke Freunde werden.

### Steinbock-Papa

In dieser Vater-Kind-Beziehung hat Krebs-Junior keinen leichten Stand. Denn der Steinbock-Papi verlangt seinem Naturell entsprechend Leistungen, die dem Krebslein gegen den Strich gehen: Ordnung, Disziplin und eine konsequente Lebenshaltung. Dieser Papa sollte versuchen, ein paar Abstriche mehr zu machen und seine Erziehungs-Prinzpien etwas einfühlsamer vertreten.

### Wassermann-Papa

Die große Übereinstimmung ist in dieser Verbindung nicht unbedingt vorprogrammiert. Papa vertritt unkonventionelle und fortschrittliche Standpunkte, Junior hält sich an Traditionen und Bewährtes. Senior bringt seinem Nachwuchs allerdings viel Aufmerksamkeit entgegen. Vorwiegend geistig. Wenn er diese auf den emotionalen Bereich übertragen kann, klappt es bestens.

### Fische-Papa

Dies ist wieder eine „Parademischung". Denn Senior und Junior ziehen fast immer am gleichen Strang. Beide sind gefühlsbetont, einfühlsam und vor allem phantasiebegabt. So träumen Vater und Kind lieber, anstatt sich mit den schwierigen Dingen des Lebens auseinanderzusetzen. Papa sollte Junior beibringen, sich den Realitäten zu stellen. Und umgekehrt.

# Das Krebs-Kind und sein Aszendent

**Krebs-Aszendent**
Dieses kleine Wesen ist hochgradig sensibel, verschlossen und beeinflußbar. Empfindungen und Gefühle sind tief, aber meist im verborgenen. Eltern sollten diesem Krebslein vor allem das Gefühl von Sicherheit vermitteln, damit es seine Bedürfnisse selbstbewußter vertritt und so einen erfolgreichen Start ins Leben hat.

**Löwe-Aszendent**
Hier klafft eine Lücke zwischen Zurückhaltung und spontaner Selbstdarstellung. Machmal tut dieser Krebs Dinge, bei denen er sich nicht wohl fühlt. Er muß lernen, zwischen Innen- und Außenwelt, Wollen und Können eine harmonische Brücke zu schlagen, wenn er mit anderen gut auskommen und sich selbst wohlfühlen will.

**Jungfrau-Aszendent**
Durch den Erd-Einfluß der Jungfrau bekommt Krebs-Junior mehr Stabilität. Er kann sich gut zwischen Realität und Phantasie bewegen, entwickelt Eigenschaften wie Ordnungssinn, Systematik, Präzision und Verläßlichkeit – und fühlt sich wohl.

**Waage-Aszendent**
Der Waage-Einfluß bringt einige Widersprüche mit sich, die der kleine Krebs mit seiner eigentlichen Wesensart erst in Einklang bringen muß. Entscheidungen zu treffen, fällt Junior ziemlich schwer. Doch mit Charme erreicht er auch so einiges.

### Skorpion-Aszendent
Hier haben wir ein Sensibelchen mit Biß und einer guten Portion Durchsetzungsvermögen. Doch in der rauhen Schale steckt ein weicher Kern. Deshalb schöpft dieser kleine „Stachel-Krebs" die Möglichkeiten, die er eigentlich alle hat, gar nicht immer voll aus.

### Steinbock-Aszendent
Der Steinbock-Aszendent stürzt Krebs-Junior häufig in eine Welt voller Widersprüche. Äußerlich gibt er sich beherrscht und vernünftig, innerlich ist er weich und stimmungsabhängig. Er braucht viel liebevollen Zuspruch, um dies auszubalancieren.

### Schütze-Aszendent
Hier muß der Junior wieder mit manch gegensätzlichen Charaktereigenschaften fertig werden. Den so Schütze-typischen Idealismus und gehobene Ansprüche muß Junior nicht nur nach außen hin darstellen, sondern diese auch mit tieferem Sinn erfüllen.

### Wassermann-Aszendent
Mit dem Wassermann-Aszendenten kommt das Luft-Element ins Spiel. Deshalb bewegen Junior humane und soziale Themen ganz besonders. Der seelische Tiefgang ist vorhanden, aber er sollte nicht „mit-leiden", sondern sich distanziert engagieren.

**Fische-Aszendent**
Diese Mischung, die macht das Leben harmonischer und auch etwas leichter. Sensibilität und Einfühlungsvermögen sind ohne Beispiel, Durchsetzungskraft ist eher Nebensache. Aber keine Sorge: Sanftheit und prophetischer Weitblick können sehr starke Waffen sein.

**Stier-Aszendent**
Dieser Aszendent paßt gut zum kleinen Krebs. Denn er zwingt ihm keine Verhaltensweisen ab, die ihm zuwider laufen. Junior kann sich von einer ausgeglichenen Seite zeigen, ohne dabei seine emotionalen und seelischen Bedürfnisse verleugnen zu müssen.

**Widder-Aszendent**
Kühner Held oder sensibles Seelchen. Er gibt sich als Abenteurer, und braucht dabei die häusliche und seelische Geborgenheit. So kriegt er denn auch plötzlich Angst vor seiner eigenen Courage und muß lernen, nicht mehr zu wollen, als er geben kann.

**Zwillinge-Aszendent**
Der Zwillinge-Einfluß verlangt eine aufgeschlossene und kontaktfreudige Haltung der Umwelt gegenüber. Krebs-Junior würde sich gern aus dem Trubel des Lebens heraushalten. Es will halt gelernt sein, zwischen Kontakten und Privatsphäre zu pendeln.

# Löwe

**23.07.–23.08.**

*Das Kleinkind* Wie immer das familiäre Leben bisher beschaffen sein mag, mit der Geburt von Löwe-Junior ändert sich einiges. Das merken die Eltern schon am lauten Gebrüll, mit dem sich die kleine Majestät die nötige Aufmerksamkeit verschafft und allen Beteiligten unmißverständlich klarmacht, daß hier ein selbstbewußtes Menschlein das Licht der Welt erblickt hat. Aber wonnig ist dieses Kind, das selbst in der Wiege schon vor Kraft und Herzlichkeit nur so strotzt. Und sein Blick verrät: Ich habe viel zu geben, dafür darf ich auch einiges verlangen.

Die ersten Sätze, die Junior spricht, lauten in etwa „ich will …" und „ich kann …" – alleine, versteht sich. Denn kleine Löwen trauen sich alles zu. Ganz besonders aber jene Dinge, die sie altersbedingt noch gar nicht in den Griff bekommen können. Sein überdimensioniertes Selbstvertrauen führt manchmal zur Überforderung. Fürsorgliche Eltern achten darauf, daß Junior sich nicht pausenlos verausgabt. Allerdings sollte dies sehr unauffällig geschehen, denn wenn die kleine Majestät Wind davon bekommt, ist sie erst mal tief beleidigt.

*Das Schulkind* Abgesehen davon, daß Löwe-Junior sich schon als Kleinkind im Kommandieren kräftig übt, wird es spätestens jetzt seine „Führungsqualitäten" souverän unter Beweis stellen. Denn nun gibt es ja ein ganzes „Rudel" von Gleichaltrigen, das es mitzureißen und zu überzeugen gilt. Erstaunlicherweise wird die „Autorität" von Löwe-Junior auch nur selten in Frage gestellt (es sei denn, es befinden sich noch weitere Löwen darunter). Junior nimmt die Leitung nicht (nur) aus Gründen der Rechthaberei oder starker Geltungsbedürfnisse in die „königliche" Hand, sondern weil ihm ein bemerkenswertes Verantwortungsgefühl und Beschützerinstinkte mit in die Wiege gelegt worden sind. So führt dieser stolze, großzügige und strahlende Sprößling sein Zepter auf so herzliche und teils auch fürsorgliche Weise, daß sein Regiment einfach akzeptiert werden muß. Und wer ist schon bereit, den Kopf in heiklen Situationen hinzuhalten? Mit der Schule und den Lehrern hat Löwe-Junior in der Regel keine Probleme. Höchstens diese mit

# Kleine Majestät ganz groß

ihm. Denn der Lehrkörper muß sich erst daran gewöhnen, daß er nicht der einzige Befehlshaber ist. Hier liegt also eine schwierige erzieherische Aufgabe darin, Löwe-Junior die Notwendigkeit von Kompromissen, Kooperation und Diplomatie klarzumachen.

## Der Teenager

Es ist also offenkundig, daß Löwe-Junior ein absoluter Selbstgänger ist, der, von sich überzeugt, mit raschen Schritten durch die Kinderstube und Schulzeit marschiert, um möglichst früh sein Leben in die Hand zu nehmen. Da ist es auf die Dauer sehr lästig, wenn Mamas, Papas, Lehrer usw. einem immer dreinreden wollen. Das gilt natürlich auch für den Umstand, das Junior recht früh die Liebe entdeckt, um dann in seinen großartigen Gefühlen schwelgen zu können. Daß er Ego-Bedürfnisse ein wenig drosseln muß, um Glück und Erfüllung zu finden, brauchen die Eltern ihm nicht zu erklären. Der „königliche" Teenager baut auch hier auf sein Selbstvertrauen und deshalb manchmal auf harte Erfahrungen. Für den letzten Schliff sorgt meist das Leben selbst. Damit aus dem kleinen Löwen ein „Prachtexemplar" wird.

# Das Löwe-Kind und seine Mutter

**Widder-Mama**
Widder-Mama und Löwe-Junior, die sind ein starkes Team, das spielend die Welt aus den Angeln heben könnte. Sie ergänzen sich prima. Doch hier stehen sich auch zwei sehr selbstbewußte und willensstarke Führungspersönlichkeiten gegenüber. Daher sollte die „Rang- und Rudelordnung" beizeiten sachlich und objektiv festgelegt werden, damit keine unnötigen Konflikte auftreten.

**Zwillinge-Mama**
Mit der Zwillinge-Mama ist Löwe-Junior sehr gut bedient. Sie ist an den kindlichen Belangen interessiert und fähig, dem Nachwuchs eine gewisse Bewunderung zu zollen. Allerdings wäre ihm mehr emotionale Anteilnahme wesentlich lieber. Anregende Gespräche erfreuen Junior zwar, erfüllen aber im Grunde nicht seine elementaren Bedürfnisse.

**Stier-Mama**
Zwischen der Stier-Mama und Löwe-Junior können sich einige Meinungsverschiedenheiten ergeben. Zu Kompromißbereitschaft und Nachgiebigkeit ist kaum einer bereit. Hier verbindet der Wunsch nach Genuß und Lebensqualität. Es sollte aber darauf geachtet werden, daß die Einigkeit nicht nur in Äußerlichkeiten besteht, sondern auch auf emotionaler Ebene stattfindet.

**Krebs-Mama**
Diese Krebs-Mama könnte Schwierigkeiten haben, sich mit der enormen Selbständigkeit des kleinen Löwen anzufreunden. Sie umhegt ihre Lieben gern und nimmt ihnen vieles aus der Hand. Das ist bei Löwe-Junior falsch. Aber sie hat ja sehr viele Gründe, auf diesen Nachwuchs stolz zu sein. Ein bißchen mehr Vertrauen in die kindlichen Fähigkeiten wäre wichtig.

### Löwe-Mama
Zwei Löwen unter sich. Ja, da könnten sich einige Reibungspunkte, vor allem aber ein gewisses Konkurrenzdenken ergeben. Die stolze Löwe-Mama möchte nicht so gern, daß ihr „prächtiger" Zögling ihr die Show stiehlt. Auch das Einlenken fällt beiden schwer. Bleibt zu hoffen, daß die beiden Löwen mit dem Alter toleranter werden.

### Waage-Mama
Diese Mama ist schon von Haus aus nicht sehr erpicht auf harte Auseinandersetzungen, und läßt ihren sehr eigenständigen kleinen Löwen von daher viel Freiraum. Es gibt aber ein paar Gemeinsamkeiten, die das Miteinander angenehm gestalten. Beide sind genießerisch veranlagt und üben sich gern in der Ausübung der Kunst des luxuriösen Lebens.

### Jungfrau-Mama
Die Jungfrau-Mama hat die Gabe, sich den Gegebenheiten und Notwendigkeiten anzupassen. Da wird sie gar nicht erst versuchen, Löwe-Junior in seinem Selbständigkeitsdrang zu beschneiden. Die Frage bleibt dann allerdings, wer hier wen erzieht. Ein bißchen aufpassen sollte diese Mama schon, daß sich die Rollen hier nicht auf einmal zu sehr in eine andere Richtung verschieben.

### Skorpion-Mama
Bei der Skorpion-Mama ist Löwe-Junior nicht auf Rosen gebettet. Wenn es darum geht, ihre Erziehungsideale zu behaupten, kann diese Mama Haare auf den Zähnen haben. Und Klein-Löwe brüllt selbstverständlich lautstark zurück. Da wird es zwangsläufig zu einigen Debatten kommen, bevor akzeptable Regelungen für ein harmonisches Miteinander gefunden werden.

**Schütze-Mama**
Das Feuer-Element, das über beide herrscht, stellt eine gute Basis für ein weitgehend übereinstimmendes Zusammenleben dar. Daß sich daraus Eintönigkeit oder Langeweile ergibt, ist nicht zu befürchten. Mama und Ableger sind ziemlich temperamentvoll und entsprechend unternehmungslustig. Das einzige, woran es hapern könnte, ist Mamas „Bewunderung".

**Wassermann-Mama**
Hier streben Mutter und Kind in ihren Grundbedürfnissen in entgegengesetzte Richtungen. Die Wassermann-Mama legt auf Äußerlichkeiten keinen Wert und „pfeift" auf Autoritäten. Löwe-Junior braucht hingegen einen prächtigen Rahmen und ein hohes Maß an Bewunderung. Es wäre gut, wenn Mama hin und wieder über ihren Schatten springen würde.

**Steinbock-Mama**
Diese Mama hält Löwe-Junior auf Schmalkost. Das wirft zwangsläufig Probleme auf. Während Mama den Ehrgeiz besitzt, mit wenig viel zu erreichen, möchte der großzügige Sprößling lieber aus dem vollen schöpfen. Auch die relativ sparsam dosierten Gefühle spornen Junior nicht gerade an. Um das Taschengeld können erbitterte Diskussionen geführt werden.

**Fische-Mama**
Man könnte meinen, mit der Fische-Mama hat Löwe-Junior ein leichtes Spiel, weil sie allzu „weich" und nachsichtig ist. Doch geht der majestätische Sprößling einmal zu weit, kann Mama auf „Nicht Beachten!" umschalten … Und das schmerzt Junior am meisten. Denn die Zuwendung der zärtlichen Fische-Mama möchte er sich auf jeden Fall bestimmt nicht entgehen lassen.

# Das Löwe-Kind und sein Vater

**Widder-Papa**
Mit dem Widder-Papa hat Löwe-Junior zwar keinen Bewunderer seiner „Größe" gefunden, auf alle Fälle aber einen echten Freund, der ihm ohne weiteres ein hohes Maß an Eigenständigkeit einräumt. Denn dieser Papa erkennt schnell, daß der Knirps sein volles Potential nur dann entfalten kann, wenn er (heraus-) gefordert und dadurch gefördert wird.

**Zwillinge-Papa**
Der Zwillinge-Papa kommt Löwe-Junior gerade recht. Er ist ein interessanter und vielseitiger Mann, der zwar gern überall mitmacht, sich aber dennoch nicht in die Belange von Junior einmischt. Papa erfaßt schnell, wozu der selbstbewußte kleine Löwe in der Lage ist, fördert seine kindlichen Talente und läßt ihn zu guter letzt schließlich doch gewähren.

**Stier-Papa**
Die Harmonie zwischen Vater und Kind hängt in diesem Fall weitgehend von der Kompromißbereitschaft auf beiden Seiten ab – und damit am seidenen Faden. Hier sind zwei „Dickköpfe" unter sich. Der Stier-Papa müßte seine Fürsorge ein wenig drosseln, damit Löwe-Junior sich in seiner Selbständigkeit besser entwickeln kann. Genau das, fällt dem Papa aber außerordentlich schwer.

**Krebs-Papa**
Manchmal wird dem Krebs-Papa es angst und bange, wenn er sieht, was sein selbstbewußter Nachwuchs so alles anstellt und in Angriff nimmt. Doch Papa spürt instinktiv, was Junior „packt" und wo es ernsthafte Probleme geben könnte, und greift dann erst ein. Junior ist zwar enorm selbstbewußt, geht aber sinnlose Risiken nur selten, also in der Regel fast gar nicht ein.

### Löwe-Papa

In dieser Vater-Kind-Beziehung stellt sich schon früh die Frage, wer denn hier eigentlich Herr – oder Herrin – im Hause ist. Denn der Löwe-Papa hat mit Löwe-Junior eine ernstzunehmende Konkurrenz bekommen. Dieser Papa sollte keine Furcht haben, daß an seinem Thron gesägt wird. Er sollte nur die familiären „Regierungsgeschäfte" mit Junior einfach teilen.

### Waage-Papa

Der Waage-Papa wird zwar erstaunt feststellen, was alles in seinem „königlichen" Nachwuchs steckt, hat aber keine Probleme damit, wenn dieser sich anschickt, ihm das Wasser zu reichen. Zum einen mag dieser Papa keine Auseinandersetzungen, und dann ist er ganz einfach stolz, einen so prächtigen und lebenstüchtigen Nachkömmling „produziert" zu haben.

### Jungfrau-Papa

Der Jungfrau-Papa wird durch Löwe-Junior auf manche Probe gestellt, weil dieser spontane und souveräne Sproß die väterlichen Prinzipien einfach außer acht läßt und seine eigenen Regeln aufstellt. Aber Papas vernünftige Erklärungen bringen Junior hin und wieder doch zur Einsicht. Vom kindlichen Selbstbewußtsein kann Papa sich ein Scheibe abschneiden.

### Skorpion-Papa

Bei diesem Papa beißt der Löwe-Junior nicht selten auf Granit. Und das verheißt nicht unbedingt ein friedvolles Miteinander. Denn Vater und Kind haben einen eisernen Willen. Hier ist vor allem der Skorpion-Papa gefordert, hin und wieder Nachsicht walten zu lassen, indem er die eigenständige Persönlichkeit des Sprößlings voll anerkennt – und im Idealfall entsprechend fördert.

### Schütze-Papa
Das wird ein herzliches und gegenseitig anregendes Vater-Kind-Verhältnis. Das „autoritäre" Gehabe von Löwe-Junior ringt Papa nur ein fürsorgliches Lächeln ab. Er weiß, wie er Klein-Löwe in seine Schranken verweisen kann. Der Schütze-Papa sorgt dafür, daß der Nachwuchs etwas über soziale Gerechtigkeit lernt und sein Streben nach Verantwortung in sinnvoller Weise entwickelt.

### Wassermann-Papa
Der Wassermann ist ein echt „verrückter" Papa, dabei tolerant und stets offen für die Interessen des Nachwuchses. Das Problem ist allerdings, daß er „Majestäten" nicht anerkennt. Um seinem Löwe-Ableger gerecht zu werden, muß er akzeptieren, daß „Verantwortungsträger" auch ein paar Sonderrechte in Anspruch nehmen dürfen und entsprechend behandelt werden wollen.

### Steinbock-Papa
Dieser Papa legt so manches mal allzu strenge und ehrgeizige Bandagen in der Erziehung an. Da wird Juniors Protest nicht lange auf sich warten lassen. Die Lernaufgabe des Steinbock-Papas besteht hier darin, Junior nicht in seine Muster und Vorstellungen zu zwingen. Mit Beispiel und vor allem Liebe sollte er den Ableger von alleine „kommen lassen".

### Fische-Papa
Der Fische-Papa lebt gern in der Welt der „Träume und Illusionen", Junior hingegen in „Glanz und Gloria". So gilt es hier, einige grundlegende Ungleichheiten zu überbrücken, damit Junior ihm nicht entgleitet. Zum Glück ist Papa als „Wasser-Zeichen" geübt im Brückenbau. Mit Phantasie und Hingabe wird das Brückeschlagen dem Fische-Papa auch immer wieder gelingen.

# Das Löwe-Kind und sein Aszendent

### Löwe-Aszendent

Von allen der Löwe-Prachtexemplaren ist dieses das „prächtigste". Löwe-Junior braucht Eltern, die fordern, fördern und bewundern, die sich aber auch darauf verstehen, Junior hin und wieder in seine Schranken zu verweisen. Natürlich äußerst diskret und vor allem natürlich diplomatisch.

### Waage-Aszendent

Die charmante Ausstrahlung dieses kleinen Löwen kann letztlich nicht darüber hinwegtäuschen, daß er gern bestimmt, wo es langgeht. Diese kleine Majestät hat ein großes Harmoniebedürfnis und wird die angeborene Dominanz in Grenzen halten – und unglaublich beliebt sein.

### Jungfrau-Aszendent

Auf den ersten Blick prägt dieser Aszendent bei Löwe-Junior etwas bescheidenere, gemäßigtere und dezentere Charakterzüge aus. Doch die dahinterstehende Dominanz, manchmal auch Anmaßung, läßt sich nicht verleugnen. So ist dieser kleine Löwe manchmal zu gewissen Zugeständnissen bereit. Jedoch nur, wenn die Voraussetzungen stimmen, versteht sich …

### Skorpion-Aszendent

Dieser Aszendent wird Löwe-Junior ganz schön plagen. Das Bedürfnis, sich ständig durchzusetzen, kann schon mal fanatische Züge annehmen. Er muß lernen, seine Autorität durch menschliche Stärke, und nicht durch Druck auszuüben.

### Schütze-Aszendent

Dies ist eine idealistische und kompetente Mischung. Löwe-Junior gibt sich interessiert und engagiert, und er untermauert diese Haltung durch eine verantwortungsbewußte Einstellung. So haben wir hier einen „maximo leader", der aus sozialer Überzeugung handelt.

### Wassermann-Aszendent

„Es lebe die Revolution!" Oder doch lieber die „Monarchie"? Dieser kleine Löwe bewegt sich zwischen humanitären und rein persönlichen Interessen, die später durchaus verantwortungsbewußten und sozial engagierten Charakter annehmen.

### Steinbock-Aszendent

Hier kennt man Löwe-Junior gar nicht wieder: er ist spröde, wortkarg und distanziert. Doch im Grunde seines Herzens möchte er sich gern spontan, großzügig und kompetent darstellen. Das gelingt ihm, wenn er von der Richtigkeit seiner Ambitionen überzeugt ist. An dieser Stelle ist also der Einsatz der Eltern gefragt.

### Fische-Aszendent

Der kleine Löwe stellt gern (Besitz-)Ansprüche, verteilt aber auch viel von seiner „sonnigen", strahlenden Energie. Der Fische-Einfluß schürt die Fähigkeiten zur Hingabe, zum Mitgefühl. Trotz gewisser Widersprüche: Es ist der „kleinste" Löwe mit dem „größten" Herzen.

### Widder-Aszendent
Hier haben wir ein richtiges Energiebündel. Dieser kleine Löwe muß lernen, daß die Durchsetzung persönlicher Interessen keine Sache des „Faustrechtes" ist, sondern besser nach sozialen und diplomatischen Regeln funktioniert. Zum Glück „kapiert" er schnell.

### Zwillinge-Aszendent
Fröhlich, locker und flexibel gibt sich dieser kleine Löwe-Ableger. Doch im Grunde seiner Seele hat er „handfeste" Interessen und Bedürfnisse. Er weiß ganz genau, was er will und wie er es erreicht. Wenn's sein muß, auch mit „vorgetäuschtem Charme" und verbalen Tricks.

### Stier-Aszendent
Hat Löwe-Junior einen Stier-Aszendenten, ist er häufiger auf Ego-Trip als ihm und seiner Umgebung guttut. Andererseits zeigt sich dieses kleine Löwe-Exemplar von seiner großzügigen, fürsorglichen und gutmütigen Seite. Wenn Junior nur nicht so „halsstarrig" wäre.

### Krebs-Aszendent
Hier verfügt Löwe-Junior über ein sehr großes Herz und seelischen Tiefgang, was sich in einem teilnahms- und liebevollen Umgang mit anderen äußert. Junior ist vorsichtig, steckt aber voller Power. Es geht darum, die gegenseitige Scheu voreinander zu überwinden und sich dann anschließend selbstbewußt darzustellen.

# Jungfrau 23.08.–23.09.

*Das Kleinkind* Für Eltern, deren Nervenkostüm nicht aus Stahl ist, ist dieses Kind ein Geschenk des Himmels. Denn kleine Jungfrauen sind einfach lieb und brav und schon zufrieden, wenn sie das Nötigste haben: regelmäßige Milchrationen und mütterliche Zuwendung. Die sprichwörtliche Anpassungsfähigkeit äußert sich dann auch schon sehr früh darin, daß dieses Baby bald durchschläft und Mama und Papa die wohl verdiente Nachtruhe gönnt. So entwickelt sich Jungfrau-Junior „planmäßig", lernt beizeiten das Sprechen und erkundet dann seine nähere Umgebung vornehmlich auf geistiger und verbaler Basis. Deshalb sollten Eltern mit der Anschaffung umfangreicher Lexika auch nicht zu lange warten. Denn Junior stellt überdurchschnittlich viele und intelligente Fragen.
Was den Spieltrieb betrifft, so ist Jungfrau-Junior kein ausgesprochener Wildfang, sondern eher ein Tüftler und Bastler. Für Bauklötzchen und Puzzlesteinchen kann sich dieses Kind förmlich begeistern und stundenlang damit beschäftigen. Und wenn es ans Aufräumen geht, erfolgt kein Protest, sondern eine Aufräumaktion, die Mamis haushaltliche Fähigkeiten glatt in den Schatten stellt.

*Das Schulkind* Jungfrau-Junior ist nicht nur sehr ordnungsliebend. Dieser Ableger hat besonders für die Kopfarbeit viel übrig. Denn er verfügt über einen wachen Intellekt, analytische Fähigkeiten, und der Hang zur Perfektion ist ebenfalls nicht zu übersehen. Abgesehen davon, versteht Junior sich darauf, seine geistigen Talente höchst zweckmäßig einzusetzen. Insofern ist die Schule im Grunde eine Lachnummer. Nicht etwa deshalb, weil kleine Jungfrauen von Ehrgeiz besessen sind, sondern eher aus dem Grund, weil Lernen Wissen bedeutet. Und eben dieses Wissen (und Können) ist für das Selbstwertgefühl dieses kleinen Kopfmenschen äußerst wichtig. Fühlt er sich bildungsmäßig „unterbelichtet", empfindet er sich geradezu als minderwertig. Von daher sollten Eltern unbedingt darauf achten, daß Junior eine seinen individuellen Fähigkeiten entsprechende optimale Ausbildung erhält.

# Kleiner Analytiker mit Ordnungsfimmel

Die Eltern sollten darauf achten, daß Klein-Jungfrau sich nicht zu sehr mit Büchern und Aufräumarbeiten beschäftigt, sondern auch den kindlichen Spieltrieb auslebt und den Kontakt zu Gleichaltrigen sucht. Denn Junior ist manchmal ein bißchen schüchtern, und kann in dieser Hinsicht etwas Aufmunterung vertragen. Auch das Durchsetzungsvermögen ist bei diesem rational und analytisch begabten Nachwuchs wenig ausgeprägt. Er fügt sich schnell in die Gegebenheiten, übt selten Widerspruch und meidet die harte Konfrontation. Dadurch können seine Wünsche auf der Strecke bleiben, was eine innere Unzufriedenheit zur Folge hat. Junior sollte lernen, sich für seine Belange stark zu machen, mit etwas Schützenhilfe.

## Der Teenager

Jungfrau-Junior ist nicht gerade das, was man einen Frühentwickler nennt. Dafür aber ein höchst kritischer Zeitgenosse. Mit zunehmendem Alter wächst auch seine Neigung, Dinge und Menschen skeptisch zu betrachten. Dabei wäre es für diesen fleißigen Nachkömmling so wichtig, mehr Vertrauen in das Leben zu entwickeln – und fünf auch mal gerade sein zu lassen. Dazu muß er allerdings Gefühlen mehr Raum geben. Eltern können hier ein wenig helfen. Dann hat Junior auch mit der erwachenden Liebe keine allzu großen Schwierigkeiten.

# Das Jungfrau-Kind und seine Mutter

**Widder-Mama**
Die Widder-Mama wird einige Zeit brauchen, um sich an den Lebensstil von Jungfrau-Junior zu gewöhnen. Denn Ordnung, System und Methode sind nicht ihre Stärken. Mama kann aber ihrem Nachwuchs mehr Selbstbewußtsein beibringen, und sie sollte Juniors Bedürfnis nach Planung respektieren. Ihre Spontanität wird er nie nachvollziehen können.

**Zwillinge-Mama**
Diese Mutter-Kind-Beziehung ist vermutlich nicht frei von Komplikationen. Mama ist spontan, flexibel, unternehmungslustig, Junior hingegen handelt erst, wenn er alles geplant und durchdacht hat. Da muß die Zwillinge-Mama schon ein paar Zugeständnisse machen, damit die kleine Jungfrau nicht zu sehr aus ihrem gewohnten Rhythmus gebracht wird.

**Stier-Mama**
Hier funken Mutter und Kind auf der gleichen Wellenlänge. Beide gehören dem Erd-Element an, sind bodenständig und brauchen stabile und „geordnete" Verhältnisse. Die Stier-Mama kann ihrem vernunftbegabten Ableger aber das gesellige und genüßliche Leben etwas schmackhaft machen. Denn Jungfrau-Junior ist sparsam und entsagt sich manche Annehmlichkeit.

**Krebs-Mama**
Mit der Krebs-Mama fährt Jungfrau-Junior ausgezeichnet. So bemuttert sie ihn fürsorglich und zärtlich, so daß er auch die emotionalen Bereiche des Lebens kennenlernt. Sie hat viel Verständnis für seine charakterlichen Eigenheiten, kann Stärken fördern und Schwächen behutsam korrigieren. Kurz: Sie harmonieren gut miteinander.

**Löwe-Mama**
Diese Löwe-Mama lernt durch Jungfrau-Junior Eigenschaften kennen, die ihr eher widersprechen: Zurückhaltung, Bescheidenheit und Perfektion. Sie wird ein bißchen umdenken müssen, um ihrem kleinen Analytiker gerecht zu werden. Junior wird sich seinerseits an die großartigen Auftritte seiner Mama gewöhnen müssen. Dafür lernt er von ihr, was Selbstvertrauen ist.

**Waage-Mama**
Obwohl die Waage-Mama und Jungfrau-Junior von ihren charakterlichen Anlagen her nicht so ganz übereinstimmen, können beide eine gedeihliche Beziehung unterhalten. Mama ist diplomatisch und entgegenkommend, Junior anpassungswillig und rücksichtsvoll. Die Fähigkeit zur Auseinandersetzung sollten vielleicht beide lernen, damit Probleme nicht unausgesprochen bleiben.

**Jungfrau-Mama**
Hier sind zwei Perfektionisten unter sich. Sowohl Mama als auch Junior haben eine Schwäche für Details, durchdachte Planung, und beide haben die Neigung, ihr Licht unter den Scheffel zu stellen. Aber die emotionale Seite der Mutter-Kind-Medaille kann dabei zu kurz kommen. Die Jungfrau-Mama sollte ihre Gefühle stärker zum Ausdruck bringen.

**Skorpion-Mama**
Die Skorpion-Mama wird es sich nicht nehmen lassen, aus ihrem praktisch und methodisch veranlagten Sprößling einen „lebenstüchtigen" Erdenbürger zu machen. Sie wird Junior die nötige Lektion in Sachen Selbstbehauptung schon beibringen. Hoffentlich behutsam, sonst besteht die Gefahr, daß sie der kleinen Jungfrau zuviel abverlangt.

### Schütze-Mama

Der Schütze-Mama wird die Fähigkeit zu Toleranz und Verständnis nachgesagt. Sie wird sie bei Jungfrau-Junior auch brauchen. Etwas mehr Feingefühl und Geduld vermutlich auch. Doch dann wird sie den kleinen „Stubenhocker" vielleicht aus der Vernunfts-Reserve locken können, und ihm weite Horizonte eröffnen, die Junior dann seinerseits auf seine Art mit Wissen und Sinn erfüllt.

### Wassermann-Mama

Zwischen der Wassermann-Mama und Jungfrau-Junior können Welten liegen. Doch die Kluft ist keineswegs unüberwindbar. Diese Mama sollte ihrem Sprößling unbedingt einen festen Lebensrahmen bieten, den er zum Wohlergehen braucht. Dann kann sie ihn vielleicht in die Welt der Zukunftsvisionen entführen. Junior braucht immer mal wieder realistischen Boden unter den Füßen.

### Steinbock-Mama

Hier haben sich Mutter und Kind wieder einmal gesucht und gefunden. In Sachen Sparsamkeit, Enthaltsamkeit, Fleiß und Disziplin sind beide einsame Spitze. Und die Steinbock-Mama „macht" etwas aus ihrem patenten Ableger. Sie sollte dabei nicht Lebensfreude, Spaß und Unterhaltung vergessen. Es wäre für beide sehr wichtig.

### Fische-Mama

Während die Fische-Mama in der Welt der Träume und Phantasien zu Hause ist, hält Jungfrau-Junior sich lieber an handfeste Tatsachen. Trotz gewisser Verständigungsschwierigkeiten, verfügt Mama über die mütterliche Gabe, sich den kindlichen Bedürfnissen anzupassen. Und sie schafft es, daß Junior das Träumen und Schwärmen lernt.

# Das Jungfrau-Kind und sein Vater

**Widder-Papa**
Der kühne Widder-Papa macht sich manchmal Sorgen wegen der schüchternen Haltung seines Ablegers. Die kann er nur schwer nachvollziehen. Doch die „Kopfarbeit" der kleinen Jungfrau bewundert er und fördert sie. Und wenn Papa mal eine mathematische Formel nicht lösen kann, braucht er nur noch Junior zu fragen.

**Stier-Papa**
Mit dem Stier-Papa wird sich Jungfrau-Junior glänzend verstehen. Er ist ruhig, freundlich und ausgeglichen. Papa hat keine Probleme, Juniors Bedürfnisse zu respektieren. Vor allem kann der Stier-Papa dem vernünftigen Nachkömmling auch die angenehmen Seiten des Lebens vermitteln – und schmackhaft machen.

**Zwillinge-Papa**
Hier gibt es eine Gemeinsamkeit, die die sonstigen Gegensätze und Widersprüche ausgleichen kann, nämlich die Fähigkeit, das Leben intellektuell anzugehen. So sollten Zwillinge-Papa und Jungfrau-Junior das intensive Gespräch suchen, auch wenn sie dabei nicht immer einer Meinung sind. Im übrigen müßte Papa einfach Toleranz walten lassen.

**Krebs-Papa**
Mit dem Krebs-Papa hat Jungfrau-Junior einen „glücklichen Griff" gemacht. Denn dieser zählt zu den fürsorglichsten und verständnisvollsten Vätern des Tierkreises. Außerdem ist er ein sehr gefühlsbetonter Mann. Und wenn er nicht gerade im Schneckenhaus sitzt, kann der „kühle" Ableger auch viel über emotionale und psychische Dinge des Lebens lernen, die ja auch wichtig sind.

### Löwe-Papa

Der Löwe-Papa ist gern der uneingeschränkte Herr im Haus. Da wird es ihm gut gefallen, daß Jungfrau-Junior keine „Konkurrenz" darstellt. Weniger gefällt ihm, daß sein Junior sich oft die Butter vom Brot nehmen läßt, und er wird hier – hoffentlich behutsam – erzieherisch eingreifen. Junior nämlich findet es völlig „normal", sich unter- und einzuordnen.

### Waage-Papa

Der charmante und freundliche Waage-Papa wird Jungfrau-Junior keine Schwierigkeiten bereiten. Seine Erziehung ist immer diplomatisch, und weil Papa keine heftigen Auseinandersetzung mag, wird er Juniors Eigenheiten auch dann akzeptieren, wenn sie seinen Vorstellungen widersprechen. Alles sollte dieser Papa aber nicht durchgehen bzw. sich gefallen lassen.

### Jungfrau-Papa

Wenn dieser Papa die Veranlagungen seines Sprößlings nicht auf Anhieb versteht, welcher denn? Durch das gleiche Zeichen ist eine große Ähnlichkeit der charakterlichen Anlagen mitgegeben. Doch die Schwächen des einen sind auch die des anderen. Für Jungfrau-Papa ist es nun Zeit, in den „Spiegel" zu schauen und die eigenen Fehler zu korrigieren.

### Skorpion-Papa

Was der Skorpion-Papa an Ehrgeiz und persönlichem Durchsetzungsbedürfnis zuviel hat, hat Jungfrau-Junior zu wenig. Doch weil der lernfreudige Ableger über eine gute Auffassungs- und noch bessere Beobachtungsgabe verfügt, wird er von Papa in jeder Hinsicht viel lernen. Dieser braucht also nicht den strengen „Lehrmeister" zu spielen.

**Schütze-Papa**
Dieser Schütze-Papa möchte sich oft die Haare raufen. Da will er seinem Nachwuchs die abenteuerliche Welt zu Füßen legen, Streifzüge durch die Natur unternehmen und sich auch sportlich mit ihm/ihr austoben. Und Jungfrau-Junior sitzt gerade wieder über einem „schlauen Buch". Am besten, Papa liest ein paar Runden mit, stellt schlaue Fragen. Und tobt dann draußen mit Junior.

**Wassermann-Papa**
Sehr viele Gemeinsamkeiten hat diese Vater-Kind-Beziehung nicht aufzuweisen. Der Wassermann-Papa ist unkonventionell und allem Neuen und Utopischen gegenüber aufgeschlossen. Jungfrau-Junior setzt dagegen auf Bewährtes, Altes. Doch „kopfmäßig" sind beide gut drauf: schnell, beweglich und analytisch. An diesem Punkt kann die Verständigung ansetzen.

**Steinbock-Papa**
Papa ist konzentriert und ehrgeizig. Junior ist praktisch und lerneifrig. Das klingt durchaus harmonisch, aber halt ein bißchen freudlos. Genau das ist der einzige Schwachpunkt in dieser sonst so übereinstimmenden Vater-Kind-Beziehung. Der Ernst des Lebens wird einfach zu ernst genommen. Papa sollte häufiger lachen und lustig sein, damit Junior auch das lernt.

**Fische-Papa**
Der Fische-Papi ist ein gänzlich anderes Kaliber als Jungfrau-Junior. Doch Gegensätze ziehen sich ja oft an. Hiert ist die Chance der optimalen Ergänzung gegeben, weil Senior und Junior wie Plus- und Minuspol sind. Da der Papa auf Juniors Bedürfnisse instinktiv eingeht, wird sich der analytische Sprößling auch seinerseits darum bemühen, Papas Welt zu verstehen, wie sie ist.

# Das Jungfrau-Kind und sein Aszendent

**Jungfrau-Aszendent**
Der kleine Analytiker mit Ordnungsfimmel kann sich in diesem Fall als „kindlicher Professor" entpuppen. Die Eltern sollten seine Lernfreude zwar akzeptieren, aber auch darauf achten, daß ihr Junior ebenso die schönen, freudvollen Seiten des Lebens kennenlernt!

**Skorpion-Aszendent**
Die bescheidene und zurückhaltende Jungfrau zeigt mit diesem Aszendenten eine stärkere Selbstbehauptung. Doch ist nicht zu befürchten, daß Junior gleich die Ellenbogenmethode einsetzt. Er kann sich auch durch kluge Argumentation durchsetzen.

**Waage-Aszendent**
Jungfrau-Junior ist klug, gescheit und pflichtbewußt. Mit diesem Aszendenten sollte sich der Mensch der Lebenskunst intensiver widmen. Schon Junior hat die Gabe, die positiven Seiten des Lebens zu schätzen und lernt so, das Angenehme mit dem Nützlichen zu verbinden. Eine Gabe, die nicht jeder hat.

**Schütze-Aszendent**
Mit dem Schütze-Aszendenten hat Jungfrau-Junior es schwer. Er fordert seinem eher bescheidenen Naturell eine anspruchs- und erwartungsvolle Haltung ab. Dadurch kann dieser Ableger starke philosophische Neigungen und soziale Interessen entwickeln. Allerdings muß Junior lernen, den Bogen nicht zu überspannen.

### Steinbock-Aszendent

Jungfrau-Junior mit Steinbock-Aszendent ist ein Kind, daß sich gern bedeckt hält – und im stillen Kämmerlein große Leistungen vollbringt. Die Eltern sollten darauf achten, daß Junior den Spaß an der Kindheit (und am Leben) nicht gänzlich vernachlässigt.

### Fische-Aszendent

Dies ist das sanfteste Jungfrau-Exemplar. Doch Junior tut sich schwer mit dem Fische-Einfluß, weil dieser die Welt der Träume und Gefühle in seine Bodenständigkeit bringt. Hingabe und Kreativität machen aus Junior den „klugen Samariter".

### Wassermann-Aszendent

Diese erfinderische Jungfrau ist dem Fortschritt auf der Spur. Doch ihre Realitätsbezogenheit kann die geistigen Höhenflüge eindämmen. Eltern sollten sie basteln, tüfteln und (fast) alles probieren lassen – und sozialkritische Fragen beantworten. Denn eine Jungfrau mit diesem Aszendent ist äußerst wißbegierig und stellt in der Regel vieles in Frage.

### Widder-Aszendent

Diese kleine Jungfrau kann ein recht temperamentvolles und forsches Verhalten an den Tag legen. Wenn sich dieser kleine „Kämpfer" auch innerlich mehr zutrauen würde, könnte er Großes auf die Beine stellen. Nicht nur im Kinder- oder Klassenzimmer. Die Eltern sollten aber darauf achten, daß Junior seine Energien sinnvoll nutzt.

## Stier-Aszendent
Mit einem Stier-Aszendenten entwickelt sich Jungfrau-Junior fast mühelos zu einer ausgeglichenen und gefestigten Persönlichkeit. Diese kleine Jungfrau hat schon früh konkrete Ziele und eine klare Linie. Außerdem eine positivere Einstellung zum Leben.

## Krebs-Aszendent
Mit dem Krebs-Aszendenten dürfte Jungfrau-Junior wenig Probleme haben. Außer, daß es hier um die Integration von emotionalen und psychischen Anforderungen geht. Die sensible, phantasievolle Jungfrau kann dies verbal tun, oder über kreative Hobbys.

## Zwillinge-Aszendent
Dieser Aszendent macht die kleine Jungfrau vielseitig und aufgeschlossen. Oft verzettelt sie sich vor lauter Interessen und Vorhaben. Die Eltern sollten vor allem dafür sorgen, daß der Nachwuchs das Abschalten und Entspannen rechtzeitig lernt, denn der kleine Kopf scheint niemals von alleine zur Ruhe zu kommen, was ab und an dringend nötig ist.

## Löwe-Aszendent
In dieser Mischung muß Jungfrau-Junior in eine „königliche" Rolle schlüpfen, die dem eher zurückhaltenden Naturell widerstrebt. Manchmal läßt sich der Nachwuchs zu großen Vorhaben hinreißen, die ihn überfordern. Er sollte nur das versprechen, was er halten kann.

# Waage

24.09.–23.10.

### Das Kleinkind

So ein kleines Waage-Bündel ist einfach bezaubernd, lieb und brav. Es brüllt nicht gleich das ganze Haus zusammen, wenn es Hunger oder die Windeln voll hat. Und es belohnt Mami mit einem dankbaren und unwiderstehlichen Blick, wenn es seine Streicheleinheiten bekommt. Es scheint fast so, als ob Waage-Kinder die allgemein gefürchtete Trotzphase überhaupt nicht durchmachen. Dieser reizende Ableger stampft nicht mit den Füßchen auf dem Boden. Er lächelt betörend, deutet auf das, was er will und bekommt es natürlich.

So entzückend, still und charmant dieser süße Knirps auch sein mag, er kann seine Eltern „wahnsinnig" machen. Wenn er Entscheidungen treffen soll. Schon das morgendliche Ankleiden kann dann zum Problem werden. Nimmt Junior nun die rote, blaue oder vielleicht doch besser die schwarze Jeans??? Eltern bekommen dieses Dilemma aber schnell in den Griff, wenn sie sanft und bestimmt den Farb-Ton angeben. Denn im Grunde hassen es kleine Waagen, Entscheidungen zu treffen und sind recht froh, wenn Mama und Papa das in die Hand nehmen.

### Das Schulkind

Es liegt auf der Hand, daß die Schulzeit recht sorgenfrei vonstatten geht. Waage-Junior hat nämlich ein starkes Bedürfnis nach Harmonie und vermeidet Auseinandersetzungen, wo er nur kann. Oft wird dieser friedfertige Nachwuchs als Schlichter bzw. Schiedsrichter in Anspruch genommen. Denn er ist äußerst diplomatisch und kann ausgezeichnet vermitteln. Die schulischen Leistungen können gewissen Schwankungen ausgesetzt sein. Denn hier hängt viel von Lust und Laune ab. Übermäßig ehrgeizig ist Junior eigentlich nicht. Seine Lieblingsfächer sind vermutlich im musischen und künstlerischen Bereich angesiedelt. Denn nicht selten zeigt er hier Talent. Dieser Sprößling kann so charmant und reizend schmeicheln, daß Mamas und Papas Erziehungsprinzipien ins Schleudern geraten. Sie sollten aber trotzdem versuchen, konsequent zu sein. Sonst ist der Ableger bald so verwöhnt, daß er gewisse Anpassungsschwierigkeiten bekommen kann. Die Kunst besteht darin, Junior einen festen Rahmen zu geben, ihn dabei aber

# Kleiner Charmeur soll sich entscheiden!?

nicht unter Druck zu setzen. Nach Möglichkeit sollten die Eltern auch nie mehr als eine Alternative zur Wahl stellen. Dann lernt die kleine Waage allmählich, mit ihrem übermäßigen „Abwägungstrieb" fertig zu werden – und sogar eigene Entscheidungen zu treffen. Doch bis es soweit ist, müssen Mama und Papa hier häufiger Schützenhilfe leisten.

## Der Teenager

Auffallend ist die gesellige Ader dieses liebenswürdigen Nachkömmlings. Sie entwickelt sich nicht erst im Teenageralter. Junior hat viel Besuch und geht gern zu Freunden. Denn wer so freundlich und entgegenkommend ist, genießt natürlich zahlreiche Sympathien. So lassen die ersten Partys mit Musik und Tanz und dem anderen Geschlecht nicht allzu lange auf sich warten. Da Waage-Junior vom „Liebesplaneten" Venus beherrscht wird, übt er sich beizeiten im Flirten und im Austausch von Gefühlen. Schließlich hat er das Zeug zum Lebens- und Liebes-Künstler. Und deshalb vermutlich mit der erwachenden Erotik auch keine nennenswerten Probleme. Bis auf eines: Für welchen Partner soll man sich entscheiden?? Mit Waage-Junior werden die Eltern nicht viel Ärger haben – und den charmanten Nachwuchs sicherlich vermissen, wenn er mal flügge ist. Denn er hat die häusliche Atmosphäre stets bereichert.

# Das Waage-Kind und seine Mutter

### Widder-Mama
Widder-Mama und Waage-Junior müssen einige Gegensätze in Einklang bringen. Da die kleine Waage harmoniebedürftig ist, wird sie vermutlich das Sagen haben. Deshalb sollte Mama darauf achten, daß die kindlichen Interessen und Bedürfnisse nicht kurz kommen. Auch der Gerechtigkeit wegen (und diese ist Junior sehr wichtig) sollte sie manchen Kompromiß eingehen.

### Stier-Mama
Sowohl Mama als auch Junior sind vom Liebesplaneten Venus beherrscht. Das läßt darauf schließen, daß beiden an einem friedlichen und harmonischen Miteinander gelegen ist. Obgleich die mütterlichen und kindlichen Interessen einige Unterschiede aufweisen, wird man sich dennoch verstehen und ergänzen. Es macht Junior nichts aus, wenn Mama ein wenig „stur" ist.

### Zwillinge-Mama
Mit der Zwillinge-Mama ist Waage-Junior absolut zufrieden. Sie sorgt für anregende Impulse, viel Abwechslung und ist ebenso gesellig und kontaktfreudig wie er selbst. Kurz und schmerzlos nimmt diese Mama Junior ein paar Entscheidungen ab (und schont dadurch ihre Nerven). Dennoch sollte sie darauf achten, daß Klein-Waages Unentschlossenheit nicht überhandnimmt.

### Krebs-Mama
Dieses Mutter-Kind-Gespann muß sich bestimmt ein bißchen zusammenraufen. Die Krebs-Mama nimmt vor lauter Fürsorge mehr Anteil an den Belangen des Ablegers, als diesem lieb. Denn Waage-Junior beansprucht seinen persönlichen Freiraum. Mama sollte deshalb abwarten, bis Junior von sich aus um Rat und Entscheidungshilfe bittet.

**Löwe-Mama**
Die Löwe-Mama und ihr Waage-Junior sind schon ein tolles Team. Mama liebt den gehobenen Standard, und auch der Ableger ist den schönen Dingen des Lebens zugetan. Außerdem ist diese Mami sehr großzügig. Materiell wie auch emotional. Von ihrer Entschlußkraft kann Junior nur profitieren und lernen. Vorausgesetzt, sie nimmt ihm nicht alle Entscheidungen ab.

**Waage-Mama**
Hier sind zwei sehr verträgliche Waage-Menschen unter sich. Diese Mutter-Kind-Beziehung wird ohne Streß, große Auseinandersetzungen oder gar Streitigkeiten sein. Die Waage-Mama lehrt Junior die Lebenskunst, die dieser besonders schnell begreift. Klare Standpunkte einzunehmen oder Entscheidungen zu treffen, fällt beiden schwer. Das kostet Zeit und die Nerven der übrigen Familienmitglieder.

**Jungfrau-Mama**
Die Jungfrau-Mama wird sich über das brave Waage-Kind sicherlich freuen. Es ist im allgemeinen recht folgsam, kommt ihr gern entgegen und schont ihre Nerven. Nur mit Juniors Vorstellungen von Pflicht und Ordnung ist diese Mama nicht einverstanden. Die Jungfrau-Mama verfügt zum Glück über genügend Geduld, um auf Juniors Abwägungstrieb einzugehen.

**Skorpion-Mama**
Diese Mama ist sehr lebenstüchtig, konsequent und nicht immer zimperlich. Junior hingegen diskret, diplomatisch und abwägend. Schwierig, einen gemeinsamen Nenner zu finden. Die Skorpion-Mama wird die intensive Auseinandersetzung mit dem Sproß vermissen, die dieser zu vermeiden sucht. Waage-Junior hat eben weniger Biß als Charme.

### Schütze-Mama

Mit der Schütze-Mama kann Junior Pferde stehlen. Sie ist unternehmungslustig, allen Dingen des Lebens gegenüber aufgeschlossen und vor allem gerecht. Mit Tatkraft, Idealismus und tiefem Verständnis kann Mama Klein-Waage mitreißen. Und wenn der Sprößling mal wieder zu bequem ist, überzeugt sie ihn spielend vom sportlichen Gegenteil.

### Steinbock-Mama

Mamas Lebenseinstellung und -haltung ist mit den Interessen und Bedürfnissen der kleinen Waage nur schwer in Einklang zu bringen. Diese Frau ist zwar eine „gute", aber auch recht spartanische Mutter, die zudem auf Disziplin und Ordnung achtet. Auch in der Schule. Zu anstrengend für die kleine Waage. Sie wird allen Charme aufbieten, um Mama nachsichtiger zu stimmen.

### Wassermann-Mama

Ja, die Wassermann-Mama ist stets locker, flexibel und für eine spontane Überraschung gut. Auch wenn Waage-Junior nicht immer weiß, woran er ist, wird er von ihr begeistert sein. Sie ist großzügig und tolerant, stets für anregende Impulse und Gespräche aufgelegt. So kann der Ableger stets seinen Horizont erweitern. Und ist in diesem Fall sicherlich ein Herz und eine Seele mit Mama.

### Fische-Mama

Mit der Fische-Mama hat die Waage-Junior keine Probleme – und umgekehrt. Zwar stimmen Mutter und Kind in den Grundbedürfnissen nicht völlig überein. Doch da beide verträgliche Zeitgenossen sind, werden sie sich respektieren und versuchen, sich tiefer zu verstehen. Diese Mama ist phantasievoll und einfühlsam und wird Juniors musische Talente erkennen und fördern.

# Das Waage-Kind und sein Vater

**Widder-Papa**
Der stürmische Widder-Papa müßte sich bemühen, sein Tempo ein wenig zu drosseln, damit Junior ihm folgen kann. Was Papa ziemlich schwerfallen wird. Mit ihrem gelegentlichen Wankelmut und ihrer Unentschlossenheit ist die kleine Waage geradezu eine Herausforderung für diesen Papa. Er wird eine wichtige Lektion über Geduld, Rücksichtnahme und Diplomatie bekommen.

**Zwillinge-Papa**
Der Zwillinge-Papa ist ein Volltreffer. Denn in ihm hat Waage-Junior einen „Gleichgesinnten" gefunden. Beide bereichern die familiäre Gemeinschaft um vielfältige und interessante Aspekte. Daß Papa hin und wieder ein wenig Hektik verbreitet, stört Junior nicht sonderlich. Letzterer ist ja in der Lage, Ungleichheiten wieder ins rechte Lot zu bringen und die Harmonie herzustellen.

**Stier-Papa**
Der Stier-Papa hat ähnliche Neigungen und Bedürfnisse wie Waage-Junior. Von daher ist eine gute Übereinstimmung in Grundsatzfragen gewährleistet. Außerdem bietet dieser Papa ein gutes Maß an Stabilität, was die Entscheidungsfreudigkeit von Junior positiv beeinflussen kann. Allerdings sind beide recht bequem. Da könnte manch guter Vorsatz auf der Strecke, also doch nur reine Theorie bleiben.

**Krebs-Papa**
Der Krebs-Papa und Waage-Junior verstehen sich vermutlich nicht beim ersten Anlauf. Ihre Charaktere sind ziemlich gegensätzlich. Doch dieser Papa zeigt große Bereitschaft, in jedem Fall auf die Bedürfnisse des Ablegers einzugehen und wird Gemeinsamkeiten suchen. Wenn er diese nicht findet, läßt er zumindest Fürsorge und Toleranz walten, wenn es um sein Kind geht.

### Löwe-Papa
Der Löwe-Papa wird als „Herr und Gebieter" sein Waage-Kind richtig zu nehmen wissen. Zumindest glaubt er das. In der Regel ist Junior von ihm auch begeistert, weil er stark, selbstsicher und vor allem „entschlossen" ist. Der kleine Charmeur wird daher freiwillig versuchen, ihm nachzueifern. Und dieser hoffentlich etwas über (Juniors) Diplomatie lernen.

### Waage-Papa
Hier haben wir zwei „Lebenskünstler", die es ausgezeichnet verstehen, den unbequemen Anforderungen des Lebens charmant und clever aus dem Weg zu gehen. Bei aller Harmonie und Übereinstimmung kann das aber zur Folge haben, daß Junior nicht lernt, sich für seine eigenen Interessen stark zu machen. Und der Papa tut das vermutlich auch nicht.

### Jungfrau-Papa
Mit dem Jungfrau-Papa wird Waage-Junior nicht so ohne weiteres einen gemeinsamen Nenner finden. Deshalb ist auch die eine oder andere Auseinandersetzung fällig. Das widerstrebt Junior zwar, doch da Papa Unstimmigkeiten auf verbaler – und zudem sachlich-objektiver Ebene – zu klären versucht, lernt der Ableger etwas sehr Wichtiges: nämlich, daß Konflikte auch ohne Fäuste oder Ausflüchte lösbar sind.

### Skorpion-Papa
Der Skorpion-Papa entspricht kaum den Idealvorstellungen des Vaterbildes, das Waage-Junior in sich trägt. Hier müssen sich zwei gegensätzliche Naturen kennen- und akzeptieren lernen. Am meisten „nervt" es Junior, daß Papa mit detektivischem Spürsinn in seinen persönlichsten Geheimnissen stöbert, was einer Bloßstellung gleichkommt. Junior kommt schon von allein.

### Schütze-Papa

Der Schütze-Papa findet schnell einen guten Draht zu der Waage-Junior – und umgekehrt. Kunststück, diese beiden können sich nicht nur gut ergänzen, sondern auch anregen. Die frische und mitreißende Art des Schütze-Papas sorgt dafür, daß Junior auf positive, weil spielerische, Weise herausgefordert wird, sich mit dem Leben auseinanderzusetzen. Eine tolle Lebens-Schule.

### Wassermann-Papa

Im Wassermann-Papa findet Waage-Junior einen echten Freund und Kumpel. Papa ist zwar unberechenbar, doch er engagiert sich voll und ganz für seinen Ableger. Und er interessiert sich ernsthaft für die Themen, die Junior jeweils beschäftigen. Da fühlt sich Klein-Waage nicht nur akzeptiert und verstanden, sondern auch gut aufgehoben.

### Steinbock-Papa

Dieser Papa hält die Waage-Junior gleichsam auf Sparflamme und stellt trotzdem Ansprüche an den Nachkömmling. Und das nicht zu knapp. Papa sagt: Erst die Pflicht, dann die Kür. Junior hingegen vertritt genau die umgekehrte Lebensdevise. Wenn Senior sich nicht bemüht, die kindlichen Bedürfnisse zu tolerieren, wird nie ein harmonisches Paar aus diesen beiden.

### Fische-Papa

Mit dem Fische-Papa steht Waage-Junior zwar nicht gleich auf du und du. Die Chancen, sich gut zu ergänzen, sind immerhin gegeben. In Sachen Entschlossenheit und Entscheidungsfreude wird dieser Papa keine nachhaltigen Lektionen erteilen. Aber er lehrt seinen Sproß, wie wichtig Hingabe und Mitgefühl sind. Das können kleine Waagen ganz gut vertragen.

# Das Waage-Kind und sein Aszendent

**Waage-Aszendent**
Dieses Waage-Kind lebt die typischen Waage-Eigenschaften. Es setzt seinen Charme ein, um relativ leichtfüßig durchs Leben zu gehen – und Konfrontationen zu umschiffen. Aber die lebenswichtigen Entscheidungen kann ihm niemand abnehmen.

**Schütze-Aszendent**
Mit dem Schütze-Aszendenten entwickelt Junior mehr Temperament und Idealismus. Dies ist die freundlich-optimistische Waage mit den großen Zielen. Lediglich mit der Geduld und Ausdauer könnte es hier ein wenig hapern. Hier sollte etwas nachgeholt werden.

**Skorpion-Aszendent**
Diese kleine Waage pendelt zwischen Verbindlichkeit und Verbissenheit. Die starke Neigung zur persönlichen Durchsetzung steht im Widerspruch zum ausgeprägten Harmoniebedürfnis. Junior sollte lernen, seine Interessen ebenso diplomatisch wie konsequent zu vertreten.

**Steinbock-Aszendent**
Dieser Aszendent drückt dem kleinen „Lebenskünstler" eine spartanische, pflichtbewußte Haltung auf. Waage-Junior muß lernen, das Angenehme mit dem Nützlichen zu verbinden und kein schlechtes Gewissen zu haben, wenn er sich den schönen Seiten des Lebens intensiver widmet. Gelingt dies, wird sich die kleine und später große Waage (mit diesem Aszendenten) auch wohl in ihrer Haut fühlen.

### Wassermann-Aszendent

Eine harmonische Mischung haben wir hier. Waage-Junior entwickelt sich zu einer aufgeweckten, interessierten und engagierten Persönlichkeit, die geistig sehr beweglich und kritisch ist. Mit Charme und Erfolg spielt er den kleinen „Weltverbesserer".

### Widder-Aszendent

Dieser Aszendent kann Junior aus dem Gleichgewicht bringen. Denn er verlangt ihm eine leidenschaftliche und kämpferische Haltung ab. So macht der Sproß schon mal einen ungeduldigen Eindruck – und zeigt die schönen Zähne. Ohne dabei zu beißen.

### Fische-Aszendent

Der Fische-Aszendent prägt bei der kleinen Waage die mitfühlende Seite aus. So zeigt sich dieser Zögling besonders friedfertig und liebevoll. Bei aller sympathischen Sanftheit sollte Junior aber lernen, sich für persönliche Belange stark zu machen.

### Stier-Aszendent

Der Stier-Einfluß prägt Juniors Bedürfnis nach Lebensfreude und Genuß noch stärker aus. Leider auch den Hang zur Bequemlichkeit. Doch bei aller Freundlichkeit und allem Charme muß er lernen, sich den Herausforderungen zu stellen, denn von nichts kommt nichts. Dies zu erkennen und danach zu handeln, ist für die positive Entwicklung der kleinen Waage wichtig.

### Zwillinge-Aszendent

Patent, pfiffig, geistig rege und vor allem kontaktfreudig, so zeigt sich hier Waage-Junior. Vor lauter vielseitigen Interessen neigt er zur Oberflächlichkeit. Eltern könnten hier positiv einwirken, indem sie Junior Nachhilfe in Planung und Zuverlässigkeit erteilen.

### Löwe-Aszendent

Mit diesem Aszendenten nimmt Waage-Junior eine selbstbewußte und überzeugende Haltung ein und entwickelt sich später zu einer beachtlichen, verantwortungsvollen Persönlichkeit. Diese kleine Waage tritt recht entschlossen auf. Sie weiß, was sie will und setzt es durch.

### Krebs-Aszendent

In diesem Fall kann Junior höchst sensible und kreative Seiten entwickeln. Diese kleine Waage ist schnell und tief von äußeren Dingen beeindruckt. So braucht sie viel Halt und Zuwendung, um ihre Stimmung zu stabilisieren und sich besser orientieren zu können.

### Jungfrau-Aszendent

Aus Jungfrau-Aszendent und der Waage-Sonne wird eine zurückhaltende Persönlichkeit mit diskretem Charme und praktischen, verbalen Fähigkeiten. Junior sollte seine Gefühle weniger analysieren (eine Jungfrau-typische Eigenschaft), sondern sie spontaner ausleben. Auf jeden Fall verhält sich diese kleine Waage eher dezent und bescheiden, sollte sich aber dadurch nicht in den Hintergrund drängen lassen.

# Skorpion 24.10.–22.11.

## Das Kleinkind

Herzig, dieses kleine Skorpion-Bündel in der Wiege. Doch man sollte sich durch rosige Pausbäckchen und Stupsnäschen nicht täuschen lassen. Dieses Baby ist ein wahres Energiepaket, das sich zu einer starken und lebenstüchtigen Persönlichkeit entwickelt. Es würde gern auch schon mal den Eltern die Zähne zeigen, wenn es nur welche hätte.

Schon beim Kleinkind zeichnen sich die typisch forschen und forschenden Skorpion-Züge ab. Dieser kleine Experimentator hat nämlich das dringende Bedürfnis, allen Dingen auf den Grund zu gehen. Intensiv, unerbittlich und meist erfolgreich ist der kleine Skorpion sämtlichen Geheimnissen auf der Spur. Man sollte daher Putzmittel, Parfumflaschen und ähnliche Gifte in Sicherheit bringen und stets genügend Verbandszeug im Hause haben. Manche Entdeckungstour endet mit einer Beule und Kontakte mit Gleichaltrigen nicht immer harmonisch, sondern auch mal handgreiflich. Der kleine Skorpion hat schon sehr früh klare Vorstellungen, die unter allen Umständen vertreten und verteidigt werden. Und eine dementsprechend „intensive" Trotzphase.

## Das Schulkind

Auch in der Schule ändert sich an der leidenschaftlichen Einsatzbereitschaft nichts, wohl aber verfeinern sich die Methoden der Selbstbehauptung und Durchsetzung. Dieser ehrgeizige und leistungswillige Junior ist zwar ein aufmerksamer, aber auch sehr unbequemer Schüler, der mit seinen tiefsinnigen Fragen Lehrer durchaus in Verlegenheit bringen kann. Blaue Briefe kommen daher nicht der schlechten Leistungen wegen, sondern weil der kleine Skorpion ein kompromißloser Kämpfer ist, der sich für die Gerechtigkeit und benachteiligte Mitschüler furcht- und bedingungslos einsetzt. Das Skorpion-Kind ist eine kleine Persönlichkeit mit Biß, also nicht gerade pflegeleicht.

Die Erziehung dieses eigenwilligen Geschöpfes ist demnach keine leichte Übung. Die Zauberformel lautet Konsequenz. Wie für alle Kinder ist natürlich auch für den kleinen Skorpion Vertrauen die beste Grundlage für eine gesunde Entwicklung. Denn dieser Nachwuchs ist zwar „hartgesotten",

# Kleines Sensibelchen mit Biß und Stachel

dabei aber hochgradig sensibel. Schmuseeinheiten und zärtlicher Austausch sind hier genauso wichtig wie das untadelige Beispiel, das Eltern in jeder Lebenslage abgeben müssen. Für Schwächen haben Skorpion-Ableger nämlich nichts übrig. Nicht bei sich selbst – und bei den Eltern schon gar nicht. Letztere sollten es sich stets ganz genau überlegen, wann und warum sie ein Verbot aussprechen. Denn ein Nein darf keinesfalls zurückgenommen werden, sonst sind Mama und Papa „untendurch". Konsequenz ist das A und O der Skorpion-Erziehung.

*Der Teenager* Brisant kann es werden, wenn der Nachwuchs die Liebe entdeckt. Denn dann sind pubertäre Skorpione zu intensiven Gefühlen fähig. Die junge Skorpion-Seele wird gründlich aufgewühlt, und die erotische Komponente ist als neues Experimentierfeld willkommen. Dieser verliebte Teenager wird vermutlich im Eifer des Gefechts ein bißchen zu besitzergreifend sein, so daß die ersten Erfahrungen von Eifersucht und Liebeskummer begleitet sein können. Hingabe und Selbstbehauptung auf einen Nenner zu bringen und Toleranz gegenüber dem Partner, wird der Skorpion erst lernen müssen, um irgendwann ein faszinierender, inniger und treuer Partner zu werden. Ist Junior erst flügge, brauchen sich die Eltern keine Sorgen zu machen.

# Das Skorpion-Kind und seine Mutter

**Widder-Mama**
Die Widder-Mama ist oft ebenso durchsetzungsfähig und auch angriffslustig wie Junior. Von Kompromissen halten beide nicht viel. Da stehen leidenschaftliche Debatten auf dem Programm. Mama und Junior fordern sich oft gegenseitig heraus. Und je häufiger sich beide „anlegen", um so größer wird die gegenseitige Achtung und Bewunderung.

**Zwillinge-Mama**
Die Zwillinge-Mama ist eher „kopflastig". Sie ist vielseitig interessiert, gern unterwegs und ein bißchen flatterhaft. Junior hingegen könnte man eher als „psychische Bohrmaschine" bezeichnen. Ihn interessiert nicht das, was an der Oberfläche zu sehen ist, sondern das, was im verborgenen liegt. Mama muß das „Untertauchen" lernen und Junior seine Verbohrtheit ablegen.

**Stier-Mama**
Diese Mama wird es mit Skorpion-Junior nicht immer ganz leicht haben – und umgekehrt. Sie hat für den kindlichen Experimentiertrieb wenig Verständnis. Andererseits fällt es dieser Mami nicht schwer, konsequent zu sein und ein gutes Beispiel abzugeben. Trotzdem ist diese Beziehung nicht frei von Spannungen. Toleranz wird hier zur Lernaufgabe.

**Krebs-Mama**
Diese beiden verstehen sich auf Anhieb. Und das vornehmlich auf nonverbaler, also seelischer Ebene. Anderen mag das rätselhaft vorkommen. Doch ein tiefer Blick zwischen Mutter und Kind reicht zur Verständigung. Von daher wird Skorpion-Junior es der Krebs-Mama auch gerne wohlwollend nachsehen, wenn sie nicht stets und ständig konsequent reagiert und handelt.

### Löwe-Mama

Diese Mutter-Kind-Beziehung kann man oft als recht brisante Mischung bezeichnen. An Eigensinn und Besitzdenken mangelt es beiden leider nicht im geringsten. Immerhin argumentiert und handelt die Löwe-Mami konsequent und damit für Junior glaubwürdig. Diese Gemeinsamkeit sollte entdeckt und kultiviert werden. Hier hängt viel vom guten Willen auf beiden Seiten ab.

### Waage-Mama

Mit ihren typischen Waage-Eigenschaften wie Charme, Diplomatie und Kompromißbereitschaft bekommt diese Mama die Erziehung von Skorpion-Junior nicht optimal in den Griff. Womöglich tanzt er ihr auf der Nase herum. Junior sollte auch nicht der Waage-Mama die Entscheidungen abnehmen. Mama muß lernen, etwas mehr Härte und Konsequenz zu zeigen.

### Jungfrau-Mama

In grundsätzlichen Dingen gibt es sicherlich wichtige Übereinstimmung. Doch nach Juniors Empfinden hat die Jungfrau-Mami nicht genug Pep und Durchsetzungsvermögen. Da stellt sich die Frage, wer hier eigentlich wen erzieht. Doch eines findet Skorpion-Junior klasse: Diese Mama weiß erstaunlich viele Antworten auf seine zahlreichen bohrenden Fragen, mit denen er ihre Nerven oft strapaziert.

### Skorpion-Mama

Die Skorpion-Mama bietet ihrem Ableger die Stirn. Das gefällt Junior ganz sicher. Auch die Tatsache, daß man mit dieser Mami nicht handeln kann, ringt dem Sproß Bewunderung ab. Problematisch kann es werden, weil beide absolut unnachgiebig sind. Die Harmonie steht und fällt mit etwas mehr Rücksicht aufeinander. Sonst fliegen hier hin und wieder wild die Fetzen.

### Schütze-Mama

Solange die Schütze-Mama zu ihren Worten und Versprechungen steht, ist Juniors kindliche Welt in Ordnung. Denn diese Mama ist stets selbst auf der Suche nach dem großen Sinn des Lebens und hat von daher für den Forscher- und Experimentiergeist des Ablegers viel Verständnis. Sie sollte ihre Toleranz nicht übertreiben. Ein Ja ist ein Ja, ein Nein sollte ein Nein bleiben.

### Steinbock-Mama

Von der Steinbock-Mama erfährt Skorpion-Junior wichtige Unterstützung, was seine so ausgeprägte „Lebenstüchtigkeit" betrifft. Er lernt von ihr, wie man aus eigener Kraft große Leistungen und Ziele erreicht. Der enthaltsame Lebensstil der Mama stört Junior weniger. Es sei denn, das Taschengeldlimit liegt unterhalb des „Existenzminimums" eines Skorpions.

### Wassermann-Mama

Dieses Mutter-Kind-Gespann wird mit einigen Widersprüchen kämpfen müssen. Die intensive bis verbissene Art des Ablegers macht der Wassermann-Mama zu schaffen. Und Skorpion-Junior kann es nicht leiden, wenn Mama in utopischen Zukunftsvisionen schwelgt. Doch es gibt einen gemeinsamen Nenner, nämlich das Engagement für die „gute Sache".

### Fische-Mama

Die Fische-Mama trifft bei Skorpion-Junior für gewöhnlich ins Schwarze. Denn sie ist ebenso sensibel und feinfühlig wie er. Nur nicht so „handfest". Aber das wird der Sprößling in diesem Fall sicher gern in Kauf nehmen. Schließlich fühlt er sich bei ihr so gut verstanden und aufgehoben wie bei kaum einer zweiten.

# Das Skorpion-Kind und sein Vater

**Widder-Papa**
Die Leidenschaftlichkeit ist in diesem Fall der große übereinstimmende Faktor, aber auch Quelle für möglichen Frust. Während Papa seine Gefühle und Empfindungen spontan äußert, hält Junior seine eher unter Verschluß. Der Widder-Papa sollte geduldig abwarten, bis der Sproß von selbst aus der Reserve kommt. Dann können beide auf gleicher Wellenlänge funken.

**Zwillinge-Papa**
Der Zwillinge-Papa ist geistig auf Draht und in der Lage, Skorpion-Junior zahlreiche Anregungen zu vermitteln. Doch diesem geht es nicht um „Informationen", sondern um inhaltliche Erklärungen. Für Oberflächlichkeiten hat dieser tiefsinnige Knirps absolut nichts übrig. Das ist anstrengend. Doch wenn Papa durchhält, kann er lernen, was seelischer Tiefgang ist.

**Stier-Papa**
Der Stier-Papa ist auf Stabilität und Sicherheit bedacht. Er sollte seine Erziehungsprinzipien selbst dann konsequent vertreten, wenn dies mit Auseinandersetzungen verbunden ist. Wenn Papa nachgibt, nur weil er gerade seine Ruhe haben will, kann das die Beziehung aber erheblich belasten. Vielleicht springt er über seinen Schatten und läßt Disziplin walten.

**Krebs-Papa**
Diese beiden „Wasser-Zeichen" werden seelisch eine positive Übereinstimmung erzielen. Der Krebs-Papa ist ein hervorragender „Seelentröster", wenn Skorpion-Junior Kummer hat. Das einzige, was stören könnte, wäre Papas „Wankelmut". Doch was soll's? Niemand ist schließlich perfekt. Bei diesem Papa drückt der Sprößling gern ein Auge zu.

**Löwe-Papa**
Diese Vater-Kind-Beziehung könnte spannungsgeladen sein. Der Löwe-Papa stellt seine Führungsqualitäten gern unter Beweis, was Junior auch akzeptiert. Vorausgesetzt, die Anordnungen sind nicht nur äußerer Schein, sondern „innerlich getragen" und glaubwürdig. Sonst kommt Junior mit Gegenargumenten, die den „väterlichen Thron" gefährlich ins Wanken bringen.

**Jungfrau-Papa**
Der Jungfrau-Papa hat Qualitäten, die den Nachwuchs überzeugen. Er ist ein korrekter, bemühter und pflichtbewußter Zeitgenosse, der seine Aufgaben stets gewissenhaft erfüllt. Und auf verbaler Ebene wird er sich intensiv mit seinem Nachwuchs auseinandersetzen. Auf emotionaler vermutlich weniger. Doch da kann Junior helfen.

**Waage-Papa**
Dieser Papa träumt von einem umgänglichen Nachkömmling – und wird von Skorpion-Junior hin und wieder herb enttäuscht. Doch es ist alles eine Frage des Umdenkens. Das kann Papa zum Glück sehr gut. Insofern wird er sich den erzieherischen Herausforderungen stellen und diplomatisch eine „starke Hand" entwickeln.

**Skorpion-Papa**
Zuckerbrot und Peitsche hat dieser Papa parat, wenn es darum geht, aus dem Nachwuchs eine „gestandene Persönlichkeit" zu machen. Doch dieser unverwüstliche Knirps soll nicht nur seine astro-typischen Stärken und Schwächen „kultivieren", sondern auch etwas „lernen". Zum Beispiel Toleranz, Rücksichtnahme und Kompromißbereitschaft. Da könnte Papa überfordert sein.

### Schütze-Papa
Der Schütze-Papa hat eine Vorliebe für geistige und emotionale Höhenflüge. Skorpion-Junior strebt auf diesen Ebenen eher den Tiefgang an. Da kann es mit dem gegenseitigen Verständnis hapern. Doch Papa ist verständnisvoll genug, um sich stets auf Juniors „Niveau" zu begeben und dieses nachzuvollziehen. Dann kann er den Sprößling auch für seine Ideen begeistern.

### Wassermann-Papa
Es kann einige Lektionen kosten, bis diese beiden eine gedeihliche Beziehung entwickeln. Doch beim Wassermann-Papa ist alles möglich. Und wenn Skorpion-Junior sich an seine „verrückten" Ideen und Sprunghaftigkeit erst gewöhnt hat, und Papa Juniors Verbissenheit endlich als tiefschürfendes Engagement entlarvt hat, werden beide ein unschlagbares Team.

### Steinbock-Papa
Der Steinbock-Papa ist Skorpion-Junior in gewisser Weise „ebenbürtig". Es gibt in Grundsatzfragen keine Probleme. Senior ist klar, konzentriert und konsequent, was der Junior akzeptiert. Papa beschränkt sich auf das Nötigste und erwartet Ehrgeiz, Fleiß und Leistungsbereitschaft. Auch das ist für Junior kein Thema. Ein bißchen mehr Herzenswärme von Papa dürfte es aber gern sein.

### Fische-Papa
Der Fische-Papa ist für Skorpion-Junior förmlich maßgeschneidert. Obwohl dieser Papa weder Biß und noch Ellenbogen hat, akzeptiert ihn Junior ohne weiteres. Denn in Sachen Einfühlungsvermögen, „seelischer Tiefgang" und „prophetische Talente" ist er dem Sprößling um Längen voraus. Da bleibt dem „stacheligen" Nachwuchs nur noch viel Respekt und Bewunderung für Papa übrig.

# Das Skorpion-Kind und sein Aszendent

**Skorpion-Aszendent**
Dieser kleine Skorpion, zeigt sich so, wie er ist: direkt, unverwüstlich und irgendwie geheimnisvoll. Er geht keiner Schwierigkeit aus dem Weg und wächst im wahrsten Sinne des Wortes mit seinen Aufgaben. Er beweist früh, daß er Verantwortung tragen kann.

**Steinbock-Aszendent**
Dieser kleine Skorpion gehört zu den stillsten und tiefsten Wassern. Äußerlich ist er zurückhaltend und beherrscht. Innerlich kann es ganz schön brodeln. Da braucht er unbedingt ein Ventil, um seinen starken Emotionen Ausdruck geben zu können.

**Schütze-Aszendent**
Der Schütze-Aszendent versieht Junior mit einer guten Portion Idealismus und Optimismus. Die kleine „Spürnase" wird die Umgebung mit Begeisterung erforschen und viele unbequeme Fragen stellen. Bei Ungerechtigkeiten und Mißständen wird er aber „ungemütlich". Hier gilt es oft seitens der Eltern, dem kleinen Skorpion Zusammenhänge und Notwendigkeiten deutlich klar zu machen, damit er „Dampf" abläßt.

**Wassermann-Aszendent**
In diesem Fall wirkt Junior sehr aufgeschlossen, flexibel und unkompliziert. Doch im Grunde seiner Seele neigt er zu emotionaler Verschlossenheit. Zudem beschäftigt er sich mit Weltverbesserungs-Problemen, die ihn überfordern könnten. Wichtig ist, Klein-Skorpion deutlich zu machen, daß in Schwachstellen nicht immer nachzubohren ist.

### Fische-Aszendent

Hat der Junior einen Fische-Aszendenten, kann er sich rundum wohl fühlen in seiner Haut. Denn diese Konstellation prägt einen harmonischen Charakter. Außerdem zeigt dieser sensible Fratz nicht gleich die Zähne, sondern eher Mitgefühl und Verständnis.

### Stier-Aszendent

Ja, nach außen hin wirkt dieser „stachelige" Ableger meist freundlich und ausgeglichen. Doch im Grunde sucht Junior geradezu Herausforderungen, um seine Willensstärke und oft große Durchsetzungskraft zu erproben. Nur: Konsequenz ist nicht gleich „Verbissenheit".

### Widder-Aszendent

Dieser Sproß ist ein wahres Energiepaket. Körperlich wie psychisch steht er ständig unter Dampf. So ist es wichtig, daß dieser kleine Skorpion Gelegenheit dazu findet, seine überschüssigen Kräfte loszuwerden und eine Basis hat, wo er sich auch emotional öffnen kann.

### Zwillinge-Aszendent

Skorpion-Junior erweckt hier einen kontaktfreudigen, lockeren Eindruck. Doch in der flexiblen Schale steckt ein tiefschürfender Kern, der ihn zu „tiefenpsychologischen Forschungen" treibt. Zusammenhänge sollte er geistig und mit dem Herzen verstehen! Darauf sollten die Eltern besonders achten, damit der kleine Skorpion nicht zu einseitig denkt und fühlt.

**Krebs-Aszendent**

Mit diesem Aszendenten spielt das Wasser-Element die große (Charakter-) Rolle. Skorpion-Junior ist besonders sensibel und empfänglich für Signale, die auf der psychischen Ebene ablaufen. Er könnte sehr kreativ sein, um seine Seelenpower auszuleben.

**Jungfrau-Aszendent**

Mit diesem Aszendent kann Junior gut leben. Der Jungfrau-Einfluß stärkt intellektuelle Fähigkeiten, so daß der seelisch stark bewegte Ableger Spannungen nicht nur körperlich, sondern auch intellektuell abbaut. Seine Beobachtungsgabe und Kritikfähigkeit sind enorm.

**Löwe-Aszendent**

Der Löwe-Einfluß bringt nicht unbedingt Ausgewogenheit in den kindlichen Charakter. Das ständige „Ich will", „Ich kann" wird Junior überfordern. Eltern sollten darauf achten, daß das starke Selbstbewußtsein nicht in Selbstgefälligkeit ausartet. Das könnte sonst nicht nur für den kleinen, sondern auch für den großen Skorpion zum Problem werden.

**Waage-Aszendent**

Der Waage-Aszendent nimmt Junior zwar nicht seinen Stachel, doch er sorgt für freundlichere Umgangsformen. So präsentiert Junior seinen Mitmenschen unbequeme Wahrheiten und scharfe Kritik (Spürnase bleibt Spürnase) auf die charmante Art. Denn ebenso wenig wie den Stachel verliert Skorpion-Jumior sein Gespür für die „Fehler im System".

# Schütze 23.11.–21.12.

*Das Kleinkind* Babys, die in dieser Zeit das Licht der Welt erblicken, bringen eine überaus idealistische Gesinnung mit auf die Erde und „neuen Schwung" ins Familienleben. Langeweile und Ruhe sind vorläufig Fremdwörter. Denn dieser kleine Springinsfeld hat Pfeffer im Hinterteil, auch wenn dieses noch in den Windeln steckt.

Noch etwas können Eltern von Schütze-Kindern getrost vergessen: strenge und autoritäre Erziehungsmuster. Hier gibt es nämlich kein klassisches Eltern-Kind-Verhältnis, sondern ausschließlich „Partnerschaft". Zum Glück macht Junior es Mama und Papa leicht, gute Partner zu sein. Denn er selbst ist eine ehrliche Haut, offen und direkt im Umgang. Hat Junior Blödsinn angestellt, und das kommt bei Klein-Schütze häufiger vor, wird ohne Umschweife „gebeichtet". Es kann ja auch mildernde Umstände einbringen. Schon sehr früh entdeckt Junior seine sportliche Ader und vermutlich auch seine Natur- und Tierliebe. Er braucht deshalb viel Auslauf und Bewegung.

*Das Schulkind* Obgleich Schütze-Junior kein besonders ehrgeiziger Zeitgenosse ist, wird ihm die Schule Spaß machen. In der Hoffnung, hier gescheite Antworten auf seine kritischen und anspruchsvollen Fragen zu erfahren, und die großen Zusammenhänge des Lebens endlich verstehen zu können, lernt Junior sehr gern. Doch wenn es nur um das Konsumieren von Wissen geht, ist er enttäuscht. Was er sucht, sind „Weisheit" und Erkenntnis. Da müssen manche Lehrer leider passen. Eltern können die schulischen Defizite aber füllen, indem sie auf den kleinen Abenteurer und Philosophen eingehen und ihn mit entsprechenden Diskussionen und/oder Lektüre bedienen.

Und noch eine Qualität bildet Junior mit zunehmendem Alter immer stärker aus: seinen Gerechtigkeitssinn. Sieht Junior sich oder andere ungerecht behandelt, tritt er mutig und engagiert in Aktion.

Wenn das Taschengeld zur Sprache kommt, sollten Mama und Papa es ruhig etwas großzügiger bemessen. Denn Junior ist alles andere als kleinlich. Doch er sollte auch lernen, daß er damit „wirtschaften" muß. Denn Klein-

# Kleiner Springinsfeld mit Idealismus

Schütze ist noch nicht „kreditwürdig" und kann in diesem Punkt etwas elterliche Konsequenz gut gebrauchen. Ansonsten ist aber Konsequenz keinesfalls der Erfolgsschlüssel in der Kindererziehung. Mama und Papa müssen zur Kenntnis nehmen, daß Junior ein ausgesprochen starkes Bedürfnis nach persönlichem Freiraum, Unabhängigkeit und Weite hat. Jede Form von Enge, ob geistig oder räumlich, kann diesen bewegungshungrigen Nachkömmling fast krank machen. Die Erziehung sollte daher an der „langen Leine" stattfinden.

## Der Teenager

Kommt Schütze-Junior „in die Jahre", sprich Pubertät, hat er bereits ein hohes Maß an Selbständigkeit erreicht. Das Interesse an sozialen und politischen Themen könnte recht stark ausgeprägt sein. Denn wir haben es hier mit einer engagierten jungen Persönlichkeit zu tun, die nicht einfach nur zusieht, wenn etwas in der Umgebung (oder gar in der Welt) nicht stimmt. Wenn die Liebe ins Spiel kommt, wird Junior diese zunächst auf der kameradschaftlichen Ebene erproben, was allerdings nur kurzfristig gelingt. Denn den nun stark an die Oberfläche drängenden Gefühlen kann eine „platonische" Liebe natürlich nicht gerecht werden. Da Junior die Unabhängigkeit schätzt, wird er sich beizeiten auf seine eigenen Füße stellen.

# Das Schütze-Kind und seine Mutter

**Widder-Mama**
Diese beiden passen optimal zusammen. Denn Mama und ihr Junior sind im Feuerelement zu Hause, und von daher aktiv, dynamisch, emotional spontan und unternehmungslustig. Die Beziehung ruht hier auf einer kameradschaftlichen Basis, und es ist kein Problem, auch in entscheidenden Punkten Übereinstimmung zu erzielen. Auf die Widder-Mama hat der Schütze-Junior geradezu gewartet.

**Stier-Mama**
Die Stier-Mama ist Schütze-Junior ein paar Takte zu langsam. Dieser Knirps ist ungeduldig und temperamentvoll. Häufig fällt es Mama schwer, für die kindlichen Philosophien das rechte Verständnis zu entwickeln. Doch Junior wird seine Wünsche und Bedürfnisse bei der Stier-Mama nachhaltig anmelden. Und sie ist gutmütig und liebevoll genug, um darauf einzugehen.

**Zwillinge-Mama**
Auf den ersten Blick werden Mutter und Kind keine Probleme im Umgang miteinander haben. Geistige Interessen und Kontaktfreudigkeit verbinden. Doch während Mama die interessanten Dinge vorwiegend aus einem Abwechslungsbedürfnis heraus anreißt, will Junior in die jeweilige Thematik tiefer einsteigen. Da sollte die Zwillinge-Mama möglichst mithalten.

**Krebs-Mama**
Die Krebs-Mama (Mond-beherrscht, kosmisches Symbol für „Mütterlichkeit") hat keine Probleme, sich auf ihren Nachwuchs einzustellen. Auch bei gegensätzlichen Interessen und Bedürfnissen nicht. Sie sollte nur vermeiden, ihren selbständigen Ableger zu sehr zu behüten. Er könnte daran „ersticken".

**Löwe-Mama**
Löwe-Mama und Schütze-Junior weisen ähnliche charakterliche Prägungen auf. Doch Mamas dominante bis tonangebende Art könnte Junior stören, weil sie im Eifer des erzieherischen Gefechts allzu häufig die Führung übernimmt. Löwe-Mama sollte ihrem idealistischen Sproß mehr Selbständigkeit und Entscheidungsfreiheit zutrauen, dann werden sich beide prächtig ergänzen.

**Jungfrau-Mama**
Die Charakterzüge der Jungfrau-Mama widersprechen denen von Schütze-Junior total. Er braucht die geistigen Höhenflüge und stellt sich anspruchsvolle Ziele, während sich Mama an praktischen, realistischen und bescheidenen Vorstellungen festhält. So viel dürfte klar sein: ohne Toleranz läuft hier sehr wenig.

**Waage-Mama**
Für Waage-Mama kann sich Schütze-Junior auf Anhieb begeistern. Sie läßt ihm in seinen Bestrebungen viel freie Hand. Nicht etwa aus der Waage-typischen Kompromißbereitschaft heraus, sondern weil sie Juniors Motivationen sehr gut nachvollziehen kann und seine Pläne daher gern unterstützt.

**Skorpion-Mama**
Diese Mama hat Biß und konkrete Erziehungsprinzipien. Sie ist es gewohnt, ihre Vorstellungen bedingungslos zu vertreten. Toleranz gehört nicht zu ihren Stärken (da könnte sie sich von Junior ein paar Scheibchen abschneiden). Doch sie setzt sich kämpferisch und leidenschaftlich für ihren Nachwuchs ein. Hoffentlich stimmen die kindlichen und mütterlichen Neigungen so oft wie möglich überein, damit auch die Beziehungsebene stimmt.

### Schütze-Mama

Dies ist wieder ein klarer Volltreffer. Denn eine bessere Mama wird Schütze-Junior sich kaum wünschen. Wie keine zweite kann sie den kindlichen Idealismus verstehen und fördern. Sie gewährt ihrem Spatz Freiraum, Unabhängigkeit und ein nennenswertes Mitspracherecht. Schließlich sind dies Dinge, die sie für sich selbst auch beansprucht. Da muß Junior sich ja wohl fühlen.

### Wassermann-Mama

Dies ist ein harmonisches, ja, wenn auch „verrücktes" Gespann. Mutter und Kind sind nämliche idealistische Weltverbesserer und gönnen sich gegenseitig viel persönlichen Freiraum. Mit dieser Mama ist der Schütze-Junior bestens bedient. Die Gefahr besteht darin, daß sie versäumt, den „abgehobenen" Sprößling hin und wieder auf den Boden der Tatsachen herunterzuholen.

### Steinbock-Mama

Junior wird es ewig ein Rätsel bleiben, wie man so enthaltsam und anspruchslos leben kann. Seine Steinbock-Mama wird versuchen, auch ihren Sprößling für diesen Lebensstil zu gewinnen, was jedoch nicht klappen wird. Dafür kann sie dank ihrer Beharrlichkeit und ihres Ehrgeizes Junior dahingehend unterstützen, daß er seine kühnsten Ziele erreichen wird.

### Fische-Mama

Diese Mutter-Kind-Beziehung könnte mit Komplikationen behaftet sein. Denn zwischen diesen beiden Charakteren liegen Welten. Erfreulich ist jedoch, daß die Fische-Mama sich in Juniors weltverbesserische Träume hineinversetzen kann. Verstehen wird sie diese vermutlich nicht. Aber wo das Verständnis fehlt, hilft Toleranz. Darüber verfügen beide zum Glück in größerem Maße.

# Das Schütze-Kind und sein Vater

**Widder-Papa**
Der Widder-Papa hat dem Schütze-Junior gerade noch gefehlt. Im positivsten Sinne des Wortes. Dieser Papa ist ebenso stürmisch, spontan und begeisterungsfähig wie sein Ableger. Sportlich halten sich beide gegenseitig auf Trab. Auch an Diskussionen, die auf freundschaftlichem und herzlichem Niveau stattfinden, mangelt es nicht. Sie bringen gehörigen Schwung in die Familie.

**Zwillinge-Papa**
Dieser Papa kann auf Junior überaus anregend wirken. Denn er sorgt mit seinen interessanten Informationen und Gesprächen dafür, daß der Ableger seinen kindlichen Horizont ständig erweitern kann. Allerdings sollte der Zwillinge-Papa nicht nur Wissensstoff herbeischaffen, sondern auch die geistigen Impulse (und damit die Beziehung) mit dem Sprößling vertiefen.

**Stier-Papa**
Der Stier-Papa ist ein gutmütiger und fürsorglicher Vater, der für das materielle Wohl seiner Brut vorbildlich sorgt. Doch das reicht Schütze-Junior nicht. Er wünscht sich einen ideellen Mitstreiter und väterlichen Partner, der ihm geistig und körperlich Antrieb gibt. Aber genau da hat Stier-Papa so seine Schwierigkeiten, aber Junior wird ihn schon aus der Reserve locken.

**Krebs-Papa**
Der Krebs-Papa wird seinem Naturell entsprechend mit gefühlvoller Zuwendung und ehrlicher Aufmerksamkeit auf Junior reagieren, selbst dann, wenn er Juniors Anlagen und Motivationen nicht immer nachvollziehen kann. Beeindruckt ist Papa aber auch, weil dieser Sproß Dinge realisiert, von denen er selbst nur zu träumen wagt.

**Löwe-Papa**

Der Löwe-Papa ist ein „toller Typ", an dem Schütze-Junior sich gern ein Beispiel nimmt. Doch weil dieser Ableger schon beizeiten seine eigene Individualität auslebt und persönliche Freiheiten in Anspruch nimmt, wird Papas „Idol-Funktion" zunehmend schwächer. Hoffentlich kann dieser damit neidlos umgehen und fördert weiterhin seinen idealistischen Springinsfeld.

**Jungfrau-Papa**

So lebensnotwendig Papas Eigenschaften wie Fleiß, Präzision, Zuverlässigkeit und Bescheidenheit auch sein mögen, Schütze-Junior hat für diese Veranlagung wenig Verständnis. Umgekehrt hat Jungfrau-Papa Probleme mit dem so anders gearteten Nachkömmling. Diese beiden werden sich wohl nie hundertprozentig ergänzen. Aber sie können viel voneinander lernen.

**Waage-Papa**

Mit dem Waage-Papa kommt der Schütze-Junior prima klar. Er bekommt eine Erziehung an der langen Leine auf partnerschaftlichem Niveau. Ob beide eine tiefe freundschaftliche Beziehung entwickeln, hängt davon ab, ob Papa bereit ist, emotional einzusteigen und sich Seite an Seite mit Junior für seine Ideale zu engagieren.

**Skorpion-Papa**

Der Skorpion ist kein „pflegeleichter" Papa. Schütze-Junior wird viel Überzeugungskraft und Beharrlichkeit an den Tag legen müssen, bis er Papa für seine Vorstellungen gewinnen kann. Dabei lernt Junior etwas ganz Wichtiges: daß er seine kühnen Pläne erst dann aus dem Sack läßt, wenn diese Hand und Fuß – und somit Aussicht auf erfolgreiche Umsetzung haben.

### Schütze-Papa

Herzlichen Glückwunsch, Junior! Mit diesem Papa geht ein großer Wunsch – und ein hoher Anspruch – in Erfüllung. Senior wie Junior wetteifern in ihrem Idealismus, schmieden Pläne ohne Ende und sind ein Herz und eine Seele. Das Beziehungsfundament basiert auf Freundschaft und Kameradschaft, vor allen Dingen auf gegenseitiger Sympathie.

### Wassermann-Papa

Der Wassermann-Papa ist nun ganz bestimmt nicht zu verachten. Er gehört zu jenen Vätern, die Juniors Naturell am leichtesten verstehen können. Beide sind unverbesserlich optimistisch, idealistisch und sozial engagiert. Sie träumen von einer phantastischen Zukunft, müssen aber darauf achten, daß diese nicht nur im Luftschloß stattfindet.

### Steinbock-Papa

Der Steinbock-Papa hat ja meist ebenso anspruchsvolle und große Ziele wie Schütze-Junior. Es fehlt ihm jedoch die Begeisterung und Lebensfreude. Dafür verfügt Papa über Ehrgeiz und Durchhaltevermögen. Letztendlich können sich beide sehr gut ergänzen. Nur sollte Papa emotional ab und an etwas offener sein und sich manchmal auch von Juniors Lachen anstecken lassen.

### Fische-Papa

Hier sind es mehr die Gegensätze, die sich anziehen, aber auch abstoßen können. Wenn in Vater-Kind-Beziehungen von Gegensätzen die Rede ist, geht es um die „Lernaufgabe", die für Senior und Junior meist unumgänglich, schwierig und anstrengend sein kann, aber auch völlig neue Perspektiven eröffnet. Vorausgesetzt, man läßt Toleranz walten.

# Das Schütze-Kind und sein Aszendent

**Schütze-
Aszendent**
Hier haben wir einen besonders idealistisch geprägten Ableger mit entsprechend „nobler Gesinnung". Im Eifer des sozial-engagierten Gefechts wird Junior womöglich seine Umwelt nicht nur verbessern, sondern auch gleich gründlich „missionieren".

**Wassermann-
Aszendent**
Ja, dieser Aszendent macht Juniors Leben etwas leichter, mit Sicherheit aber interessanter. Dieser unabhängige kleine Schütze sorgt ständig für Überraschungen. Seine Pläne und Ideen versetzen die „Großen" in Erstaunen und sorgen auch mal für „Aufruhr".

**Steinbock-
Aszendent**
Ja, dieser Aszendent bedeutet für Schütze-Junior keine leichte Aufgabe. Er schmiedet mit Begeisterung kühne Pläne, die er konsequent und beharrlich realisiert. Nur muß Junior zwischen Lebensernst und Lebensfreude das rechte Maß finden. Hier sind die Eltern gefragt, die Klein-Schütze dann und wann den rechten Weg weisen sollten.

**Fische-
Aszendent**
Hier haben wir zwei Seelen in einer Brust. Denn Juniors Temperament und Euphorie werden ein wenig gedrosselt. Dafür gilt es, mehr Einfühlungsvermögen und Tiefgang zu entfalten. Keine leichte Übung für den leidenschaftlichen Ableger. Schütze-Mama oder -Papa sind hier aufgefordert, ihrem Kind in dieser Beziehung Hilfe zu leisten.

### Widder-Aszendent

Aus dieser Mischung ergibt sich der kämpferische Idealist, der im Eifer des Gefechts eher auf die Durchsetzung persönlicher Belange fixiert ist. Junior müßte lernen, sein kühnes Engagement rücksichtsvoll und mit Ausdauer in sinnvolle Bahnen zu lenken.

### Zwillinge-Aszendent

Die idealistische und philosophische Neigung, über die Junior verfügt, könnten hier rasch brachliegen, weil er durch den Zwillinge-Einfluß oft an der Oberfläche steckenbleibt. Eltern sollten diesen Spatz immer wieder ermutigen, in die Tiefen vorzudringen.

### Stier-Aszendent

Mit diesem Aszendenten wird Junior eine langsamere Gangart nahegelegt, was ihm zu mehr Besonnenheit und Umsicht verhilft. Doch der typische Schütze-Dampf und Enthusiasmus müssen irgendwie abgelassen werden. Kreativität ist hier förderungswürdig, denn in diesem kleinen Schützen stecken eine Menge kreative Talente, die entdeckt werden wollen und sollen.

### Krebs-Aszendent

Der Krebs-Aszendent beschert Junior zwar viel Phantasie und Feingefühl, sorgt aber auch für schwankende Stimmungen. Dieser Knirps ist sehr beeindruckbar und leicht von seinen Zielen abzulenken. Eltern können ihm mehr Standhaftigkeit und Beharrlichkeit geben, und ihrem Kind so den richtigen Weg weisen.

**Löwe-Aszendent**

In diesem Fall ist der Schütze-Junior nicht nur engagiert und von „edler Gesinnung", er verfügt auch über genügend Durchsetzungskraft, um sich und seine Vorstellungen zu behaupten. Das Selbstbewußtsein muß hier nicht gefördert werden.

**Waage-Aszendent**

Auf so charmante Weise können nur wenige Menschen Kritik üben, die Welt verbessern und anderen klarmachen, was gut für sie ist. Die Mischung aus Begeisterung und Diplomatie macht ihn unschlagbar. Er reißt seine Umgebung förmlich mit und überzeugt jeden.

**Jungfrau-Aszendent**

Der Jungfrau-Einfluß macht Junior hier zu schaffen. Er ist sehr begeisterungsfähig und hat hohe Ansprüche, andererseits verhält er sich bescheiden und sogar ein wenig kleinlich. So braucht er viel Zuspruch, um seine „großen Anlagen" zu nutzen.

**Skorpion-Aszendent**

Kühne Träume und große Ziele schlummern in diesem kleinen Schützen. Außerdem ist er ehrgeizig, konsequent und zäh. Sofern sein Idealismus und das soziale Engagement nicht zu kurz kommen, wird dieser Knirps es zu beachtlichen Leistungen bringen. Das können Schütze-Mama und -Papa schon in der frühen Kindheit ihres Sprößlings feststellen.

# Steinbock 22.12.–20.01.

## Das Kleinkind

Dieser kleine Säugling ist süß und total hilflos, wie alle Babys. Doch irgendwie beschleicht die stolzen Eltern das Gefühl, daß der Ableger einen „reifen" Eindruck macht, der sich auch bald bestätigen wird. Steinbock-Junior ist ein pflegeleichtes Kind Es findet schnell seinen festen Rhythmus, „nervt" die Eltern nicht durch nächtliches Geschrei und benimmt sich überhaupt immer sehr brav und artig. Manche Eltern mögen das für unnormal halten. Doch keine Sorge: Es ist alles in bester Steinbock-Ordnung. Aufpassen müssen Mama und Papa nur, daß der anspruchslose Sprößling genügend Schmuseeinheiten bekommt.

Ist Steinbock-Junior erst im Kleinkindalter, läßt sich beobachten, mit welcher Sicherheit sich die typischen Saturn-Eigenschaften entwickeln: Ehrgeiz, Pflicht- und Verantwortungsgefühl, Vernunft und Realismus. Ein Geschenk für die Eltern, aber auch eine Gefahr für das Kind. Es benimmt sich oft wie ein kleiner Erwachsener und überfordert sich selbst. Vor lauter häuslichen Aufgaben kann Junior nämlich zum Stubenhocker werden. Er sollte häufiger sanft vor die Tür geschoben werden, damit es an frischer Luft und Bewegung nicht mangelt. Wie kaum ein zweites Kind braucht der kleine Steinbock feste Regeln, Sicherheit und Geborgenheit. Eltern sollten daher beständige Partner sein, die für den noch nötigen anfänglichen Halt sorgen.

## Das Schulkind

In der Schule wird es mit Steinböckchen gewiß keine Probleme geben. Dazu ist er viel zu ehrgeizig, leistungsbewußt und hat seinen Aufstieg stets vor Augen. Kaum daheim angekommen, macht er sich gleich über die Hausaufgaben her. Junior ist zwar ehrgeizig und eifrig, nicht aber der schnellste Denker. Denn was er tut, erledigt er sorgsam und perfekt. Das braucht Zeit. Ob in der Schule oder später im Beruf, kleine Steinböcke schaffen sich ein stabiles Fundament und bauen darauf ihre Pläne und Ziele schrittweise und unaufhaltsam auf. Und das mit sicherem und anhaltendem Erfolg. Es kommt deshalb auch selten vor, daß Junior überstürzt oder unbesonnen handelt. Dieser vernünftige Knirps macht es sich schon früh zu eigen, erst

# Kleiner Eremit mit großen Aufstiegschance

zu denken und dann zur Tat zu schreiten. Insofern überrascht es natürlich auch nicht, daß Steinböckchen den meisten anderen Kindern etwas voraus hat, nämlich die Erkenntnis, daß er für sich und nicht für die Schule lernt. Wenn er doch einmal Hilfe braucht, wird er den Eltern gegenüber nicht gleich mit der Sprache herauskommen. Diese sollten deshalb auf Empfang schalten, um in Notfällen eingreifen zu können. Ganz unauffällig und diskret. Denn wenn Junior sich eine selbstgesteckte Leistung schuldig bleibt, leidet sein Selbstwertgefühl.

*Der Teenager* Spätestens von nun an haben Eltern in ihrem Steinbock-Sprößling einen vollwertigen Partner, der bereits willens und fähig ist, Verantwortung zu tragen. Dennoch sollte dieses Talent nicht über Gebühr strapaziert werden. Bei Junior kommt die Lebensfreude ohnehin schon kürzer, als es not täte. Dem anderen Geschlecht gegenüber bleibt Steinbock-Junior vorsichtig und abwartend. Er muß sich erst mit den neuen Gefühlen und Situationen vertraut machen. Da er Enttäuschungen oft als persönliches Versagen auslegt, wird er sich kaum Hals über Kopf verlieben. Doch wie immer bekommt der zielorientierte Nachkömmling natürlich auch die Liebe (und sein Leben) fest in den Griff.

# Das Steinbock-Kind und seine Mutter

**Widder-Mama**
Ja, die Widder-Mama ist stürmisch, leidenschaftlich und spontan. Sie sollte ihr Temperament jedoch bewußt ein wenig drosseln, damit Steinbock-Junior sich an ihre „Gangart" gewöhnen kann. Er bewundert diese Mama, weil sie einsatzfreudig und leistungsfähig ist. Ausdauer und Beharrlichkeit kann dagegen Junior ihr vielleicht vermitteln.

**Zwillinge-Mama**
Die Zwillinge-Mama wird für das äußerst gegensätzliche Naturell ihres Ablegers zunächst wenig Verständnis entwickeln. Umgekehrt wird auch Steinbock-Junior mit ihrer „flatterhaften" Lebenseinstellung seine Schwierigkeiten haben. Immerhin kann diese flexible Mama sich auf fast alle Situationen und Menschen – vor allem natürlich auf ihren Sprößling – gut einstellen.

**Stier-Mama**
Mit der Stier-Mama kommt Steinbock-Junior auf Anhieb klar. Sie kann seine Neigungen und Anlagen gut nachvollziehen, verstehen und fördern, da ihr Charakterbild dem des Ablegers ähnelt. Nur bietet diese Mama einen wichtigen Vorteil für Junior: Sie betrachtet das Leben nicht nur von der ernsten, sondern auch von der angenehmen Seite.

**Krebs-Mama**
Ja, die Krebs-Mama sendet auf einer Frequenz, für die Steinbock-Junior keinen Empfänger besitzt. Und umgekehrt. Doch hier liegt in der Gegensätzlichkeit die verheißungsvolle Chance zur optimalen Ergänzung. Denn diese Mama ist ein „Weichmacher" für den konzentrierten und ernsten Junior, der wiederum mit gutem Beispiel vorangeht, was Konsequenz und Disziplin betrifft.

**Löwe-Mama**
Für den aufwendigen Lebensstil der Löwe-Mama hat Steinbock-Junior wenig Verständnis. Ist er doch auf Sparsamkeit und Enthaltsamkeit gepolt. Doch die emotionale Großzügigkeit beeindruckt den Ableger bestimmt. Juniors Willen zum ganz großen Aufstieg (und die kontinuierliche Fähigkeit dazu) ist natürlich Mamas ganzer Stolz.

 **Waage-Mama**
Die Waage-Mama verkörpert hier die Lebenskunst, Steinbock-Junior hingegen Prinzipien wie Ernst, Strenge und Pflicht. Da liegt es auf der Hand, daß es mit der Verständigung hapern könnte. Mama sollte hier besonders Diplomatie und Verständnis walten lassen, sich aber auch um eine konsequentere Haltung bemühen. Dann hat Junior es leichter und lernt sogar das Lachen.

 **Jungfrau-Mama**
Ja, mit der Jungfrau-Mama hat Steinbock-Junior in den Glückstopf gegriffen. Kunststück, beide sind Weltmeister im Sparen und „arbeitswütige" Perfektionisten. Riskant kann es für Junior aber werden, wenn Mama die Fröhlichkeit und Unbeschwertheit in der Kinderstube vergißt. Dies sollte sie unbedingt beachten. Denn seinen ehrgeizigen „Aufstieg" schafft Junior sowieso.

 **Skorpion-Mama**
Diese Mischung kann sich gedeihlich gestalten. Denn was Ehrgeiz, Durchsetzungsbestreben und Beharrlichkeit betrifft, ziehen Mama und Junior am selben Strang. Die Leidenschaftlichkeit, die die Skorpion-Mama an den Tag legt, könnte den Nachwuchs gelegentlich „erschrecken". Doch letztlich funktioniert hier auch auf tiefer emotionaler Ebene die Ergänzung sehr gut.

### Schütze-Mama

Die Schütze-Mama agiert aus einer positiven, idealistischen Lebenshaltung heraus. Sie kann Junior in seinem Aufwärtsstreben nicht nur verstehen, sondern auch auf „gesunde" Weise unterstützen. Respektieren muß sie lediglich, daß Steinbock-Junior nicht mit Euphorie, sondern Besonnenheit ans Werk geht und deshalb mehr Zeit braucht, als ihre Geduld häufig zuläßt.

### Wassermann-Mama

Eine Wassermann-Mama ist Steinbock-Junior vermutlich zu „modern". Während er feste Regeln und Gesetze aufstellt, nach denen ein geordnetes Leben funktionieren könnte, wirft Mama mit ihren revolutionären Ansichten alles wieder über den Haufen. Sie sollte sich Mühe geben, den Wert von Traditionen anzuerkennen, damit Junior nicht irgendwann an sich selbst zweifeln muß.

### Steinbock-Mama

Diese beiden passen zusammen wie der berühmte Deckel zum Topf. Mamas und Juniors Naturell weisen bemerkenswert viel Übereinstimmung auf, die natürlich auch Schwierigkeiten aufwerfen kann. Denn Steinbock-Mama und Steinbock-Junior können sich so sehr in ihre Aufgaben und in ihre Pflichten vertiefen, daß sie die Lebensfreude darüber glatt vergessen.

### Fische-Mama

Eine Fische-Mama kann ihren oft allzu strengen und ernsten Ableger ein bißchen „auflösen" und ihm zeigen, daß es im Leben nicht nur um gesellschaftliche Ziele und Positionen geht, sondern auch darum, sich psychisch und emotional zu entwickeln. Ein wenig Inkonsequenz und Hingabe gehören dazu. Vielleicht macht sie aus Steinbock-Junior sogar den „vollkommenen" Menschen.

# Das Steinbock-Kind und sein Vater

**Widder-Papa**
Hier gilt es einige Lernaufgaben (väterlicherseits) zu bewältigen und Verständnis aufzubringen (kindlicherseits). Papa hat dann allen Grund, auf seinen Nachkömmling stolz zu sein. Und Junior wird in seinem „Erzeuger" einen treuen Freund finden. Papa sollte Junior nicht stürmisch, sondern bedachtsam fördern und Steinböckchen wichtige Entscheidungen eher allein treffen lassen.

**Zwillinge-Papa**
Zwischen Zwillinge-Papa und Steinbock-Junior ist der Funkkontakt nicht immer störungsfrei. Aufgrund der auffallenden Unterschiedlichkeit kann es passieren, daß Senior und Junior aneinander vorbeileben. Es sei denn, Papa stellt sich geistesgegenwärtig und flexibel immer wieder auf Juniors Frequenz ein. Ein tieferes Verstehen sollte dazugehören.

**Stier-Papa**
Zum Stier-Papa kann Steinbock-Junior eine verläßliche und konstruktive Beziehung entwickeln. Denn diese beiden sind quasi ein Kaliber. Der „aufstrebende" Nachwuchs fühlt sich bei Papa geborgen und verstanden. So kann er sich gut und frei entfalten. Und wenn der Ehrgeiz mit Junior mal wieder durchgeht, wird Senior ihm dann zeigen, wie man „kreative" Pausen einlegt.

**Krebs-Papa**
Hier haben wir wieder die klassischen Gegensätze von der Anziehung und Abstoßen. Mit seiner Sensibilität und Emotionalität vermittelt der Krebs-Papa Junior zwar Gefühle und Empfindungen, doch mit der konsequenten Haltung, die der Ableger braucht, könnte es hapern. Über mangelnde Zuwendung und Aufmerksamkeit wird sich Junior aber nicht beklagen können.

**Löwe-Papa**
Der Löwe-Papa möchte auf seinen Nachwuchs gern stolz sein und so werden weder Mühen noch Kosten gescheut. Der ehrgeizige Steinbock-Junior wird Löwe-Papas Ansprüchen spielend gerecht. Ansonsten ist die Verständigung nicht problemlos. Papa müßte sich mit einigen „fremden" Wesenszügen anfreunden, um den tüchtigen Ableger besser verstehen zu können.

 **Waage-Papa**
Hier stoßen oft zwei sehr unterschiedliche Charaktere aufeinander. Geduld und Toleranz sind erforderlich, damit beide auf einen akzeptablen Nenner kommen. Doch Waage-Papa kann sich Entschlußkraft, Ausdauer, Konzentration „abgucken" und Steinbock-Junior könnte lernen, wie man das Leben nicht nur mit Arbeit verbringt, sondern wie man es auch genießen kann.

 **Jungfrau-Papa**
Ja, Jungfrau-Papa und Steinbock-Junior sind aus einem Holz geschnitzt. Sie respektieren, verstehen und ergänzen sich ausgezeichnet. Beide sind verläßliche und realistische Zeitgenossen, wobei Junior seinen Papa noch an Ehrgeiz und Durchhaltevermögen überflügelt. Papa sollte dabei vor lauter Pflichtbewußtsein nicht die vergnüglichen Dinge vergessen.

 **Skorpion-Papa**
Der Skorpion-Papa kann dem Steinbock-Junior in seinen elementarsten Bedürfnissen und Bestrebungen instinktiv richtig und optimal fördern. Allerdings sind beide sehr willensstark und durchsetzungsfähig, was zu Konflikten führt. Doch wenn die Fronten sachlich und objektiv geklärt werden, gehen Vater und Kind „geläutert" aus der jeweiligen Situation hervor.

**Schütze-Papa**
Sowohl der Schütze-Papa als auch Steinbock-Junior verfügen über eine hohe Erwartungshaltung, aber unterschiedliche Bedürfnisse. Papa räumt, optimistisch, idealistisch und voller Hoffnung, dem Zufall eine große Chance ein, Junior baut seine Pläne und Ziele konzentriert und in unermüdlicher Eigenleistung aus. Hier braucht es eine Brücke zwischen Leichtigkeit und Schwere.

**Wassermann-Papa**
Der spontane und sprunghafte Wassermann-Papa sollte sich etwas „zusammennehmen", damit Junior sich „anlehnen" und ihm vertrauen kann. Senior hat das Zeug zum humanen Utopisten, Junior hingegen ist der vernünftige Realist. Papas freundschaftliche Art lockert jedoch den ernsten Sprößling auf und erweist sich letztlich als gute Basis.

**Steinbock-Papa**
Da Papa und Junior im gleichen Tierkreiszeichen geboren sind, wird es bei grundlegenden Belangen des Lebens Übereinstimmung geben. Doch spiegeln sich bei beiden nicht nur ihre Stärken, sondern auch ihre Schwächen wider. An letzteren müßte allerdings noch gearbeitet werden, damit Ernst, Strenge und Pessimismus nicht überhandnehmen.

**Fische-Papa**
Obgleich dieser Papa kein sehr grandioses Beispiel abgibt, was Konsequenz und Beharrlichkeit betrifft, wird Steinbock-Junior sich und bei ihm wohl fühlen. Denn der Fische-Papa hat unglaublich feine Antennen für die Bedürfnisse seines Nachkömmlings, auch wenn diese seinen eigenen widersprechen. Er wird aufpassen, daß Junior Kind ist – und kein kindlicher Erwachsener.

# Das Steinbock-Kind und sein Aszendent

### Steinbock-Aszendent

Ja, hier kommen die typischen Steinbock-Qualitäten deutlich zum Ausdruck. Dieser Knirps ist klar in seiner ausdauernden Haltung und konkret in seinen ehrgeizigen Zielen. In Sachen „positives Denken und Fühlen" sollten Eltern Nachhilfe erteilen.

### Fische-Aszendent

Obgleich ja dieser Aszendent harmonisch zu leben ist, kann er an Juniors „Stabilität" nagen und ihn weicher, aber auch schwankender machen. So könnte es passieren, daß Steinböckchen bei Hindernissen zu schnell aufgibt. Er braucht viel Halt und Ermunterung.

### Wassermann-Aszendent

Die „Revolutionäre Schale" und „traditioneller Kern". Diese Mischung kann charakterliche Widersprüche auslösen. Er braucht festen Boden unter seinen Füßen, hebt aber gerne ab und sucht nach neuen Möglichkeiten, das Leben zu gestalten. Dazu kann man nur sagen: nur Mut!

### Widder-Aszendent

Dieser Aszendent stellt Junior vor schwierige Entscheidungen: Soll er spontan und kämpferisch handeln, oder besonnen und vernünftig vorgehen? Um diese Widersprüche zu vereinen, muß der Ableger viel Raum zum Experimentieren haben. Den sollten ihm Steinbock-Mama und -Papa denn auch lassen.

### Stier-Aszendent

Mit diesem Aszendenten kann Steinbock-Junior sein konzentriertes, strebsames Naturell frei entfalten und wirkt dabei freundlich und ausgeglichen auf seine Umgebung. Er wird eine beständige und leistungsstarke Persönlichkeit entwickeln.

### Krebs-Aszendent

In diesem Fall hat Junior es nicht leicht, sein persönliches Gleichgewicht zu finden. Um die gegensätzlichen Bedürfnisse in Einklang zu bringen, muß der Knirps lernen, Gefühle je nach Situation, mal zu leben, mal zu „zensieren".

### Zwillinge-Aszendent

Tja, der Zwillinge-Aszendent kann für Steinbock-Junior eine psychische Herausforderung sein. Im Idealfall paart sich hier Strebsamkeit mit ausgeprägten intellektuellen Fähigkeiten sowie gelockerter Lebenshaltung und führt zu geistigen Glanzleistungen. Damit es soweit kommt und vor allem dabei bleibt, sollten Zwillinge-Mama und -Papa ihrem Kind genügend Freiraum lassen.

### Löwe-Aszendent

Nun, auch der Löwe-Aszendent paßt nicht so recht in Juniors Charakteranlage. Doch Ehrgeiz und das starke Verantwortungsgefühl können den Ableger zu großen Zielen animieren. Er muß nur lernen, Niederlagen zu verkraften.

### Jungfrau-Aszendent

In diesem Fall hat Junior gut lachen. Wenn er es denn täte. Der Jungfrau-Einfluß stärkt Steinböckchens Anlagen auf positive, harmonische Weise. Mehr Humor und Fröhlichkeit wären bei dieser Konstellation angesagt. Eltern sollten dies auf jeden Fall fördern.

### Skorpion-Aszendent

An Ehrgeiz und an Durchsetzungsvermögen ist dieser kleine Steinbock nicht zu überbieten. Eltern sollten darauf achten, daß Junior lernt Kompromisse einzugehen – und einsieht, daß der Zweck nicht immer die Mittel heiligt.

### Waage-Aszendent

Hier kommt es darauf an, daß Junior lernt, wie man das Leben freudvoller und leichter gestalten kann, ohne daß Ehrgeiz und Leistungsbestreben darüber vernachlässigt werden müßten. Dieser kleine Steinbock macht es mit Charme und Diplomatie.

### Schütze-Aszendent

Dieser Aszendent kann Junior einige „Flausen" in den Kopf setzen, was eigentlich gar nicht seiner Art entspricht. Er kann die Steinbock-typischen Anlagen auflockern und Junior zu Idealismus und entsprechendem Engagement verleiten. Darauf sollten Steinbock-Mama und -Papa bei der Erziehung ihres Kindes achten, also diesem ab und an den richtigen Weg zeigen.

# Wassermann 21.01.–19.02.

### Das Kleinkind

Die Vorstellung, daß der Klapperstorch die Babys bringt, ist ja schon länger umstritten. Bei Wassermann-Babys trifft das ohnehin nicht zu. Denn sie kommen mit einem Raumschiff zur Welt. Der erste tiefe Blick in Wassermännchens Augen läßt die Eltern ahnen, daß hier ein kleiner Individualist „eingetroffen" ist, der den Schalk im Nacken und viele „verrückte" Ideen im Kopf hat. Er könnte in ferner Zukunft den Friedensnobelpreis verliehen bekommen oder aber die Erfindung des Jahrhunderts machen.
Auf jeden Fall ist dieses Kind etwas „Besonderes". Schon als Kleinkind hat Wassermännchen seine persönliche Note und schickt sich an, beizeiten seine Qualitäten unter Beweis – und die gesamte familiäre Ordnung auf den Kopf – zu stellen. Denn Junior ist mit einer sehr humanen, überaus fortschrittlichen, wenn nicht gar „revolutionären" Gesinnung ausgestattet und „reformiert", wo er nur kann. Wenn Traditionen und Konventionen seinen „menschlichen Fortschritt" behindern, wird er nicht zögern, diesen den Kampf anzusagen. Den geistig-verbalen, versteht sich. Denn Gewalt ist tabu. Es bleibt unbedingt zu hoffen, daß die Eltern von Wassermann-Junior keine „Spießer" sind und Überraschungen lieben.

### Das Schulkind

Da Junior neugierig auf das Leben ist, und noch neugieriger darauf, wie er es verändern und verbessern kann, wird er sicher ein aufgeweckter Schüler sein und Lehrer können in gewisser Weise ihre Freude an ihm haben. Jedenfalls so lange, bis er das Schulwesen zu reformieren beginnt.
Spätestens jetzt kommt aber noch ein weiterer Vorzug dieses zukunftsorientierten Nachkömmlings zum Ausdruck, nämlich seine Fähigkeit, Freundschaften zu knüpfen und zu pflegen. Für seine Freunde, aber auch für Klassenkameraden und „Gleichgesinnte" geht er durch dick und dünn und auch auf die Barrikaden, wenn er feststellen muß, daß diese ungerecht behandelt werden. Er kämpft allerdings nicht mit den Fäusten, sondern mit Argumenten und Spruchbändern. Den Begriff Demonstration muß dereinst ein Wassermann geprägt haben.

# Kleiner Utopist mit Geistesblitzen

Für Raumschiffe hat Junior übrigens immer noch viel übrig. Oder besser: für die moderne Technik. Denn nur damit scheint ihm eine humanere Zukunft überhaupt erst möglich zu sein. Mit der Anschaffung eines Computers sollte nicht zu lange gewartet werden. Schließlich will der erfinderische Nachwuchs stets auf dem neuesten Stand der Dinge sein. Noch etwas ist wichtig: Dieser kleine Liebling ist freundlich, hilfsbereit und aufgeschlossen – aber auch unberechenbar und vor allem „unabhängig". Auf Befehle reagiert er allergisch bis rebellisch. Mama und Papa sollten deshalb flexibel sein und stets plausible Argumente parat haben.

## Der Teenager

Es bildet sich immer stärker heraus: Wassermann-Junior tut nur jene Dinge, hinter denen er voll und ganz steht. Andernfalls kommt er in Gewissenskonflikte. Eltern, die etwas anderes von Junior erwarten, können auf Granit beißen. Der Ableger ist zwar kompromißbereit und sehr kooperativ. Doch in „Grundsatzfragen" hört der Spaß auf. Obgleich das kleine „Raumschiff-Baby" von einst geistig sehr frühreif ist, hat Wassermännchen es mit der Liebe nicht so eilig. Einerseits reizt das „Neue" ungemein. Doch andererseits spürt Junior, daß die tiefere Begegnung mit dem anderen Geschlecht seine Unabhängigkeit antasten könnte. Da ist man ein wenig vorsichtig.

# Das Wassermann-Kind und seine Mutter

**Widder-Mama**
Widder-Mama und Wassermann-Junior passen gut zusammen. Nicht ganz so „genial", liebt sie wie er Überraschungen und das „Neue". Diese Mutter-Kind-Beziehung gestaltet sich sehr freundschaftlich, offen und ehrlich. Kein Wunder, daß Junior von seiner Mama begeistert ist – und umgekehrt natürlich. Auf jeden Fall wird es bei diesen beiden niemals langweilig.

**Stier-Mama**
Zwischen der Stier-Mama und Wassermann-Junior können Welten liegen. Mama ist realistisch, traditionell und verläßlich, Junior unkonventionell, „futuristisch" und unberechenbar. Es wird nicht leicht sein, hier eine gemeinsame Basis zu er-finden. Dabei kann Mama etwas über Flexibilität und „Zukunftsforschung" lernen. Dann wird es mit Sicherheit schon klappen.

**Zwillinge-Mama**
In diesem Fall kommen die Mutter und das Kind nicht nur flott auf einen Nenner, sondern auch auf ihre Kosten. Ihre Bedürfnisse und Interessen sind so gelagert, daß sie sich gegenseitig gut ergänzen. Die Zwillinge-Mama wird über Juniors „Geistesblitze" entzückt sein und neidlos anerkennen, daß Wassermännchens Kopfarbeit nicht nur genial, sondern auch „innerlich getragen" ist.

**Krebs-Mama**
Die Krebs-Mama ist okay, nur ist sie eine zweihundertprozentige Mutter, und Wassermann-Junior kommt mit achtzig Prozent aus. Er will nicht ständig umsorgt, sondern möglichst schnell unabhängig werden. Letztlich werden die mütterlichen Instinkte Krebs-Mama sagen, daß sie Junior einen großen Gefallen tut, wenn sie mehr Vertrauen in ihn setzt.

**Löwe-Mama**
Eine Löwe-Mama steht nicht sehr auf „Raumschiffe", sondern auf „Prunkschlösser". Mutter und Kind bewegen sich auf zwei völlig verschiedenen Ebenen. Mama ist herzlich und großzügig, Junior „human" und stets geneigt, „Andersgeartetes" zu respektieren. Das könnte die Brücke zueinander sein: Mama stellt keine Bedingungen an ihre Liebe, und Junior ist tolerant.

**Waage-Mama**
Waage-Mama und Wassermann-Junior sind ein harmonisches Gespann. Beide können sich schnell auf neue Situationen – und natürlich auch aufeinander – einstellen. Mama sollte nicht nur deshalb so tolerant und nachsichtig sein, weil ihr die (häuslich-familiäre) Harmonie so lieb ist. Junior wünscht sich echtes, tiefes Interesse und Anteilnahme, also mehr Engagement von Mama.

**Jungfrau-Mama**
Obgleich diese Mutter-Kind-Beziehung einige Differenzen aufweisen kann, ist die Chance zu einer guten Verständigung auf verbaler Ebene gegeben. Der Jungfrau-Mama werden sich wegen Juniors Sprunghaftigkeit häufiger die Haare sträuben. Und er wird ihr in Sachen Toleranz und Nachsicht einiges abfordern. Doch diese Mama ist zum Lernen und zur Anpassung bereit.

**Skorpion-Mama**
Der gravierende charakterliche Kontrast von Skorpion-Mama und Wassermann-Junior wird Probleme aufwerfen. Doch der Forscher- und Experimentiergeist, über den beide verfügen, könnte ein gemeinsamer Ansatzpunkt sein. Jedoch forscht Mama gern in den Tiefen der Psyche und Junior in der Weite des Universums. Hier muß ein Kompromiß gefunden werden.

### Schütze-Mama

Diese Mama wird Junior wohl schlicht und einfach als „super" bezeichnen. Das ist auch kein Wunder, wenn man bedenkt, daß die Schütze-Mama eine große Idealistin und Missionarin ist, und Junior ein engagierter Humanist. Letztlich wollen beide die Welt verbessern. Bis sie es geschafft haben, werden sie auf jeden Fall noch sehr viel Spaß miteinander haben.

### Wassermann-Mama

Na, bravo! Dieses „verrückte" Duo wetteifert förmlich darum, wer origineller und „ausgeflippter" ist. Diese beiden verstehen sich wirklich prächtig. Wenn die Wassermann-Mama ihren „genialen" Nachwuchs nicht optimal, weil intuitiv, fördern kann, welche dann? Zum Glück verfügt Mama schon über ein paar Erfahrungen, so daß auch etwas Realismus ins Spiel kommt.

### Steinbock-Mama

Die Steinbock-Mama wird bei dem Wassermännchen nicht unbedingt einen Freudenschrei hervorrufen. Und Mama wird sich nur schwer mit Juniors Welt anfreunden. Er stellt mit Leichtigkeit ihre „gesammelten Werte" in Frage – und auf den Kopf. Doch die Steinbock-Mama wird auch mit diesem Ableger fertig. Vorausgesetzt, sie lernt Fliegen.

### Fische-Mama

Ja, auch diese Mama kann Junior in seinen Grundbedürfnissen gut verstehen, obgleich ihre charakterliche Ausgangsbasis eine gänzlich andere ist. Beide scheinen auf das gleiche Ziel hinzusteuern: die „heile Welt". Mami träumt von einer liebevollen, Junior engagiert sich für eine human-gerechte. Mit Mamas Unterstützung kann Junior rechnen – und viel erreichen.

# Das Wassermann-Kind und sein Vater

**Widder-Papa**
Mit diesem Papa kann Junior die berühmten Pferde stehlen. Von daher wird sich Senior begeistert und aufrichtig mit Juniors „Zukunftsvisionen" befassen und seinem Ableger Rückendeckung geben. Auch auf die Gefahr hin, daß beide für „verrückt" erklärt werden. Papa ist optimistisch, und deshalb sicher, daß er und Junior diejenigen sind, die zuletzt lachen.

**Zwillinge-Papa**
Der Zwillinge-Papa ist ein „Glücksgriff" für Wassermann-Junior. Beide sind vom Luftelement beherrscht und daher geistig interessiert, aufgeschlossen, beweglich. Papa braucht Abwechslung und Kommunikation, Junior darüber hinaus auch noch die „gute Sache". Da wird er von Papa viele anregende Impulse erhalten. Auf alle Fälle ist dies ein spritzig-witziges Team.

**Stier-Papa**
Gelinde formuliert, gibt Wassermann-Junior dem Stier-Papa einige Rätsel auf. Drastisch gesagt, prallen hier zwei völlig konträre Charaktere (und Weltanschauungen) aufeinander. Sofern Papa sich mit mehr Flexibilität und Toleranz auf die „geistigen Abenteuer" des Sprößlings einläßt, könnte es klappen. Dabei lernt Stier-Papa eine ganz andere Welt kennen.

**Krebs-Papa**
Trotz seiner Phantasie wird Krebs-Papa Mühe haben, Juniors futuristische Ideen und Vorstellungen nachvollziehen zu können. Dennoch wird er nicht versuchen, dem fortschrittlichen Wassermännchen seinen Stempel aufzudrücken. Dazu ist dieser Papa nämlich zu fürsorglich, verständnisvoll – und auch zu bequem.

### Löwe-Papa

In der Kombination Löwe-Papa und Wassermann-Junior sind einige grundsätzliche Meinungsverschiedenheiten vorprogrammiert. Denn Junior reagiert höchst allergisch auf Papas „Befehlsgewalt" und seine hohen Ansprüche. Die Hoffnung, daß Junior den väterlichen Zielen nacheifert, erfüllt sich nur in Maßen. Papa sollte auf keinen Fall versuchen, Junior die Flügel zu stutzen.

### Waage-Papa

Mit dem Waage-Papa findet Wassermann-Junior problemlos einen gemeinsamen Nenner. Wegen der charakterlich ähnlichen Veranlagung klappt die Ergänzung ausgezeichnet. Papa gesteht Junior viel persönlichen Freiraum zu und „mischt" sich erst ein, wenn er gefragt wird. Da Papa gesellig und unternehmungslustig ist, kommen Spaß und Unterhaltung nicht zu kurz.

### Jungfrau-Papa

Der Jungfrau-Papa kann die kindlichen Bedürfnisse und Interessen zwar nicht nachvollziehen, ist aber flexibel und bemüht genug, um Junior auf rationaler Ebene näherzukommen. Beide sollten immer wieder das intensive Gespräch suchen, um sich gegenseitig verstehen zu lernen. Wenn Wassermann-Junior mal die falsche Richtung einschlägt, kann Papa das meist behutsam korrigieren.

### Skorpion-Papa

Diese Mischung könnte es in sich haben. Vater und Kind sind entgegengesetzt gepolt. So wird der Skorpion-Papa geneigt sein, seine Vorstellungen durchzusetzen und Junior in die von ihm für gut befundene Richtung zu lenken. Damit ist der kindliche Protest (und familiäre Frust) bereits vorprogrammiert. Papa sollte sich unbedingt bemühen, Junior an der „langen Leine" zu halten.

### Schütze-Papa

Mit dem Schütze-Papa hat Wassermann-Junior einen Gleichgesinnten und Mitstreiter gefunden. Diese beiden verstehen sich blendend, weil sie ähnliche Bedürfnisse haben und häufig die gleichen Ziele verfolgen. Da wird Papa keine Schwierigkeiten haben, Junior optimal zu fördern. Er kann sich für Wassermännchens „verrückte" Ideen sogar begeistern.

### Steinbock-Papa

Diese Vater-Kind-Beziehung gestaltet sich nicht immer ganz „sorgenfrei". Senior vertritt klare Standpunkte, die auf Ehrgeiz, Realismus und Traditionen basieren. Junior setzt sich über Konventionen einfach hinweg. Papa tut sich schwer, Wassermännchens eigenständige kleine Persönlichkeit anzuerkennen. Er sollte versuchen, über seinen Schatten zu springen.

### Wassermann-Papa

Mit dem Wassermann-Papa ist Wassermann-Junior fein raus. Beide sind aus dem gleichen Holz geschnitzt. Sie stellen gern alles in Frage, setzen sich mit bestehenden Strukturen kritisch auseinander und entwerfen mit Begeisterung neue Ideen und Konzepte für eine „humanere Welt". Treue Freunde sind Papa und Junior übrigens auch. Was sollte da sonst noch schiefgehen?

### Fische-Papa

Der Fische-Papa lebt eher in der Welt der Gefühle, Junior ist mehr auf „geistigem Gebiet" aktiv. Papa verkörpert die Fähigkeit zur Intuition (und oft auch mediale Anlagen), Junior die Inspiration. Obgleich Vater und Kind also recht unterschiedlich geprägt sind, schöpfen beide aus „höheren Dimensionen" und können sich auf geheimnisvolle und wundersame Weise optimal ergänzen.

# Das Wassermann-Kind und sein Aszendent

**Wassermann-Aszendent**
Hier haben wir den „kleinen Menschenfreund", der sich für soziale und politische Themen interessiert. Er ist freundlich und hilfsbereit, kann aber auch unbequeme Fragen stellen. Junior braucht Eltern, die bei aller Flexibilität für den nötigen Halt sorgen.

**Widder-Aszendent**
Dieser Aszendent macht Junior spontan, dynamisch und manchmal sogar euphorisch. Im Eifer des Gefechts schießt er hin und wieder über das Ziel hinaus. Eltern sollten ihm helfen, seine körperlichen wie geistigen Kräfte zielorientierter einzusetzen.

**Fische-Aszendent**
Hier paaren sich ja Intuition und Sensibilität. So verfügt Junior über grandiose Einfälle, aber auch über viel Mit- und Feingefühl. Dieses Kind scheint aus einer verborgenen Quelle zu schöpfen. Das Durchsetzungsvermögen ist allerdings „förderungswürdig".

**Stier-Aszendent**
Der Stier-Aszendent verursacht bei Junior eine innere Zerrissenheit. Dieses Kind braucht viel Halt und feste Lebensrhythmen. Zudem hat Junior das Bedürfnis nach Originalität, Unabhängigkeit und steter Veränderung. Beides sollte möglich sein, das sollten Wassermann-Mama und -Papa bei der Erziehung ihres kreativen Sprößlings auf keinen Fall vergessen.

### Zwillinge-Aszendent
In diesem Fall kann Junior seine Grundbedürfnisse in positiver und harmonischer Weise entwickeln. Dank seiner intellektuellen und intuitiven Fähigkeiten kann dieser Knirps es zu geistigen Glanzleistungen bringen. Wichtig ist dabei die stabile Basis.

### Löwe-Aszendent
Junior muß versuchen, gegenpolige Interessen und Bedürfnisse unter einen Hut zu bekommen. Obwohl er Autoritäten ablehnt, neigt er dazu, sich genauso zu verhalten. Junior sollte lernen, seinen hohen Selbstanspruch mit Kopf und Herz auszufüllen.

### Krebs-Aszendent
Hier setzt sich Juniors Charakter aus konträren „Bausteinen" zusammen. Dieses Kind ist sensibel und entsprechend beeindruckbar. Eltern können helfen, daß die äußeren Eindrücke gefiltert und besser verarbeitet werden. Für die positive Entwicklung eines Wassermann-Kindes mit diesem Aszendenten ist dies sehr wichtig.

### Jungfrau-Aszendent
Dieser Aszendent übt eine „bremsende" Wirkung auf Juniors Naturell aus. Geistig ist dieser Ableger zwar auf Draht, doch er sollte nicht nur rational agieren, sondern die Suche nach Sinn und Gefühlen betreiben. Eltern können wertvolle Schützenhilfe leisten.

### Waage-Aszendent

Geselligkeit sowie Freundschaften sind hier wichtige Themen. Wassermännchen sollte Gelegenheit haben, beides intensiv pflegen zu können. Mangelnde Ausdauer könnte hier der Schwachpunkt sein, an dem zu arbeiten ist.

### Schütze-Aszendent

Starker Idealismus und soziales Engagement verbinden sich hier zu einer Persönlichkeit, die viele Steine ins Rollen bringen kann, wenn Junior seine Aktivitäten konsequenter durchzieht – und seinen Missionseifer in gewissen Grenzen hält.

### Skorpion-Aszendent

Mit diesem Aszendenten ist das Kind ein scharfer Beobachter und ein noch schärferer Kritiker. Wenn es lernt, seine Ideen und Pläne auf „menschliche" Art und Weise durchzusetzen, kann es tatsächlich zum „Weltverbesserer" werden.

### Steinbock-Aszendent

Dieser etwas spröde Ableger wird seine hohen und edlen Ziele mit einer Beharrlichkeit verfolgen, die ihresgleichen sucht. Die spontane Natürlichkeit und der Frohsinn, den Junior schließlich auch ausleben sollte, könnten dabei auf der Strecke bleiben. Hier sind Papa und Mama des kleinen Wassermanns gefragt, die dafür sorgen sollten, daß ihr Sprößling Vergnügliches unternimmt.

# Fische  20.02.–20.03.

### Das Kleinkind

Das Fische-Baby ist von einem Zauber umgeben, der jedes Herz auf unerklärliche Weise rührt. Wer immer in Fischleins Wiege schaut, muß das kleine Windelpaket aufnehmen und zärtlich an sich drücken. Nichts braucht dieses sensible Geschöpf so sehr wie innigen Körperkontakt. Eltern werden überrascht sein, wie lieb und brav ihr Nachwuchs ist. Sie werden sich wünschen, daß dieses Engelchen niemals erwachsen wird.

Auch im Kleinkind- und Vorschulalter büßt dieser kleine Spatz nichts von seinem geheimnisvollen, entwaffnenden Charme ein. Ihr Sprößling entwickelt jetzt seine typischen Eigenschaften: eine unglaubliche Phantasie, Hilfsbereitschaft und Ahnungsvermögen, um nicht zu sagen „hellseherische Gaben". Man sollte sich also über nichts wundern, sondern dafür sorgen, daß der empfindsame Sprößling lernt, seine Traumwelt mit der Realität zu verbinden. Ganz behutsam. Denn „kleine Fische" sind nicht nur große Träumer, sondern auch Individualisten.

### Das Schulkind

In dieser Phase wird der Nachkömmling seinen Eltern sicher keine Probleme bereiten. Still, ohne ehrgeizig zu sein, zieht er sein Pensum durch. Schon allein deshalb, weil Fische-Junior Kämpfe nicht mag. Kommt es zu Auseinandersetzungen, zieht sich Junior lieber zurück, anstatt sich mit der rauhen Welt herumzuschlagen.

Der Fische-Nachwuchs, der im Land der Feen und Elfen zu Hause ist, wird nicht selten künstlerische Begabungen oder zumindest Interessen haben. So früh wie möglich sollten Eltern deshalb Malstifte, Bücher oder ein Musikinstrument anbieten, damit Kreativität und Phantasie ihren Ausdruck finden können.

Nicht nur Mama und Papa, auch die Lehrer dürfen sich darüber freuen, daß der sanfte Sprößling keine nennenswerten Erziehungsprobleme verursacht. Dieses Kind ist nicht bockig, es liebt keine spektakulären Auftritte. Böse Worte schon gar nicht. Eine Gefahr besteht allerdings darin, daß Fische-Junior leicht beeinflußbar ist, auch ist sein Selbstbewußtsein nicht sehr ausgeprägt.

# Kleiner Träumer mit medialen Fähigkeiten

Kleine Fische wünschen sich, daß es allen Menschen gutgeht. In der Familie, Schule. Und weil sie es gern jedem recht machen wollen, kommen die eigenen Bedürfnisse oft zu kurz. Kluge Eltern werden es verstehen, ein gesundes Ego zu fördern. Zum Thema Schule sei noch erwähnt, daß es bis heute keinen Fisch gegeben hat, der für „Zucht und Ordnung" etwas übrig hat. Man sollte diesen sensiblen und höchst phantasievollen Ableger nicht über Stunden konzentriert arbeiten lassen. Schöpferische Pausen sind für Junior das A und O und schließlich auch der Schlüssel (zum späteren) Erfolg. Kein Grund zur Panik angesichts der herrschenden Unordnung bei Fischlein. Er findet sich mit todsicherem Instinkt im „Chaos" zurecht.

*Der Teenager* Zum Bedauern vieler Eltern entwächst der kleine Engel allmählich seinen Kinderschuhen. Doch auch kleine Feen und Zauberlehrlinge müssen flügge werden. Aber Junior ist und bleibt anhänglich. Was die Liebe betrifft, so meistert er diese neue Herausforderung, wie immer, auf seine stille und unauffällige Weise. Eltern müssen übrigens nicht befürchten, daß es zu besonderen Schwierigkeiten kommt. Denn wer so gefühlsbetont und einfühlsam ist, wie dieser zartbesaitete Nachwuchs, wird mit der Welt der Emotionen und der Erotik fast spielend fertig.

# Das Fische-Kind und seine Mutter

**Widder-Mama**
Die Widder-Mama wird von Fische-Junior auf manch harte Geduldsprobe gestellt. Denn dieses Kind kann trödeln wie kein zweites. Auch die instinktiven Fähigkeiten geben Mama Rätsel auf. Sie wird Einfühlungsvermögen entwickeln müssen und es nicht bereuen. Dieses Kind kann ihr völlig neue Perspektiven eröffnen und stellt sich letztlich als große Bereicherung dar.

**Stier-Mama**
Bei der Stier-Mama ist Fische-Junior bestens versorgt. In die kindlich-geheimnisvolle Welt kann sie zwar nur bedingt vordringen, doch diese Mama gibt ihrem Fischlein die richtige Dosierung von Schmuseeinheiten und viel Geborgenheit. Allerdings sollte der friedfertige Knirps lernen, daß er hin und wieder selbst die Kastanien aus dem Feuer holen muß.

**Zwillinge-Mama**
Hier haben wir eine Mutter-Kind-Beziehung voller Widersprüche. Zugleich jedoch die Chance enormer gegenseitiger Bereicherung, sofern die „Lernaufgaben" (vornehmlich mütterlicherseits) gemeistert werden. Zwillinge-Mama müßte Gefühle nicht nur zulassen, sondern auch vertiefen. Sonst kann es passieren, daß Mama und Junior aneinander vorbei reden – und leben.

**Krebs-Mama**
Dies ist wieder eine klassische „Ein Herz und eine Seele"-Konstellation. Krebs-Mama weiß instinktiv, was Fische-Junior braucht und erfüllt dann diese Ansprüche und Bedürfnisse mit Leichtigkeit, was keineswegs Oberflächlichkeit meint. Hier besteht zwischen Mutter und Kind eine tiefe psychische Übereinstimmung – eine Kombination, die sehr glücklich ist und macht.

### Löwe-Mama

Die Löwe-Mama und Fische-Junior stellen ja eher eine „Zusammenrauf-Beziehung" dar. Was Mama an ihrem Ableger besonders vermißt, ist Entschlossenheit und Biß. Zugleich rührt der geheimnisvolle Sproß ihr großes Löwe-Herz. Die Löwe-Mama sollte die hohen Ansprüche zurücknehmen, dann und wann Zugeständnisse machen und einfach ihre intensiven Gefühle sprechen lassen.

### Waage-Mama

Der Waage-Mama mangelt es nicht am guten Willen. Sie wird ihn brauchen, um ihren verträumten Ableger besser zu verstehen. Die große Gemeinsamkeit liegt hier in der Friedfertigkeit und „Ausweichfreudigkeit", wenn es um wichtige Entscheidungen geht. Was Phantasie und seelischen Tiefgang angeht, muß Mama viel lernen oder Junior einige Abstriche machen.

### Jungfrau-Mama

Mit einer Jungfrau-Mama scheint Fische-Junior auf den ersten Blick nicht in den Glückstopf gegriffen zu haben. Auf den zweiten werden die guten Ergänzungs- und Wachstumschancen deutlich. Mama lernt, daß das Leben im „Chaos" durchaus funktioniert. Schwieriger wird es, die mütterliche Realität in den kindlichen Luftschlössern unterzubringen. Aber Mama gibt sich immer viel Mühe.

### Skorpion-Mama

Es gibt kaum eine bessere Mama für Fische-Junior. Die große Übereinstimmung funktioniert auf emotionaler und seelischer Ebene, ohne Worte und auf „wundersame" Weise absolut perfekt. In ihrem Bestreben, etwas „Besonderes" aus Junior zu machen, könnte die Skorpion-Mama aber auf Protest stoßen. Leider wird dieser zu still und leise geäußert, so daß er oft nicht gehört wird ...

### Schütze-Mama
Die Gegensätzlichkeit in dieser Mutter-Kind-Beziehung bedeutet für beide „kosmische Lernaufgaben". Die Schütze-Mama ist lebhaft und geistig aufgeschlossen. Junior hingegen ist sanft und introvertiert. Er kann Mamas Tempo nicht ganz nachvollziehen. Sie sollte deshalb viel Geduld aufbringen, um den Spatz aus der Reserve locken und auf ihn eingehen zu können.

### Wassermann-Mama
In diesem Fall funken Mama und Junior auf unterschiedlichen Frequenzen. Doch da es an Toleranz auf beiden Seiten nicht mangelt, sollte eine gute Verständigung möglich sein. Die Wassermann-Mama, selbst so einfallsreich und neuen Ideen gegenüber aufgeschlossen, wird Juniors Phantasie bewundern und fördern. Wichtig ist, daß Gefühle nicht zu kurz kommen.

### Steinbock-Mama
Halt, Sicherheit und Geborgenheit findet Fische-Junior bei der Steinbock-Mami ganz gewiß. Doch sie neigt dazu, ihre Gefühle der Disziplin wegen unter Verschluß zu halten. Da auch Junior selten von allein aus sich herauskommt, sollte Mama sich emotional mehr öffnen. Dann wird der sanfte Nachwuchs mit dieser Mama sehr zufrieden sein, und das Mutter-Kind-Gespann harmonisch sein.

### Fische-Mama
Mit der Fische-Mama könnte Junior große, ja seelische Übereinstimmung erfahren. Denn sie ist ebenso sanft, einfühlsam und zärtlich wie der sensible Ableger. Da beide starke Antennen für die Bedürfnisse anderer haben, verstehen sich Mutter und Kind oft schon durch Blickkontakt und Gesten. Trotzdem sollten sie auch das intensive Gespräch suchen.

# Das Fische-Kind und sein Vater

### Widder-Papa
Der stürmische Widder-Papa müßte häufiger ein, zwei Gänge zurückschalten, um sich auf Juniors kleine Welt besser einzustellen. Auch wird Papa Leistungen und Eigenschaften vom Nachwuchs erwarten, die dieser seinem Naturell entsprechend nicht erbringen kann oder will. Da sind Toleranz und Akzeptanz väterlicherseits gefordert, damit die Beziehung gedeihlich verläuft.

### Zwillinge-Papa
Damit Zwillinge-Papa mit Fische-Junior eine harmonische Beziehung aufbauen kann, muß zwischen Verstand und Gefühl eine Brücke geschlagen werden. Eine hohe Anforderung für den Papa. Die Mühe würde sich allerdings lohnen. Denn Junior öffnet sich dann stärker, und Papa lernt ganz neue Welten und sogar Dimensionen kennen.

### Stier-Papa
Mit dem Stier-Papa wird sich Fische-Junior wohl und geborgen fühlen. Die ruhige, verläßliche Haltung dieses Papas liefert eine stabile Basis für Juniors Entwicklung. Manchmal ist Papa jedoch etwas uneinsichtig und für Fischleins Phantasien nicht immer zugänglich. Als Realist möchte er Junior die „Flausen" austreiben. Doch ohne Träume ist der kleine Fisch aufgeschmissen.

### Krebs-Papa
Krebs-Papa und Fische-Junior weisen viele ähnliche bis übereinstimmende Wesenszüge auf, so daß sie leicht auf einen harmonischen Nenner kommen. Instinktiv weiß dieser Papa, daß sein einfühlsamer und verträumter Sproß viel Nestwärme braucht. Und dafür sorgt der Krebs-Papa wie kaum ein zweiter. Kurzum, hier haben sich zwei gesucht und gefunden.

**Löwe-Papa**

Der Löwe-Papa stellt erhebliche Ansprüche an seinen Nachwuchs. Er gibt zwar alles, verlangt aber auch einiges dafür. Häufig solche Eigenschaften, bei denen Junior passen muß. Papa sollte Abstriche machen, was den kindlichen Ehrgeiz und das Durchsetzungsvermögen betrifft. Sonst leidet Junior sehr darunter, daß er Papas Erwartungen nicht gerecht wird.

**Waage-Papa**

Der Waage-Papa ist freundlich und entgegenkommend. Fische-Junior ist friedlich und einfühlsam. Schon von daher werden sich Vater und Kind gut vertragen. Doch tiefere, oder gar seelische Übereinstimmung will erst errungen werden. Dazu muß Papa dem sanften und gefühlsbetonten Sprößling viel Aufmerksamkeit entgegenbringen, damit dieser sich vertrauensvoll mitteilen kann.

**Jungfrau-Papa**

Jungfrau-Papa und Fische-Junior scheinen in zwei völlig verschiedenen Welten zu leben. Doch in der Gegensätzlichkeit liegt auch die große Chance der konstruktiven Ergänzung. Junior kann den nüchternen und vernünftigen Papi mit seiner Phantasie bereichern – wenn er es nur zuließe. Umgekehrt könnte Papa systematisch das realisieren, wovon Junior nur träumt.

**Skorpion-Papa**

Wie Junior ist auch der Skorpion-Papa im Wasser-Element zu Hause. Doch im Gegensatz zum zartfühlenden und stillen Nachwuchs verfügt er über Ehrgeiz, Durchsetzungsvermögen und eine gewisse Zähigkeit. Doch allen Bemühungen väterlicherseits zum Trotz: aus diesem Kind wird niemals ein „Ellenbogen-Mensch". Das sollte Papa beherzigen.

### Schütze-Papa

Der idealistische und anspruchsvolle Schütze-Papa könnte sich von seinem phantasiebegabten Ableger durchaus inspirieren lassen. Doch das funktioniert nur, wenn er Juniors vollstes Vertrauen genießt und so Zugang zur geheimnisvollen Fische-Welt bekommt. Dafür muß Papa aber sehr viel Feingefühl an den Tag legen, was ihm nicht immer leichtfällt.

### Steinbock-Papa

Steinbock-Papa und Fische-Junior sind sich vom Naturell her nicht ganz fremd. Es gibt hier sogar vielversprechende Ergänzungsmöglichkeiten. Die einzige Schwierigkeit wird darin bestehen, daß beide verschlossen und zurückhaltend sind. Da könnte sowohl der verbale als auch der emotionale Austausch zu kurz kommen. Papa sollte hier den ersten Schritt tun.

### Wassermann-Papa

Der Wassermann-Papa ist für das Fischlein ein bißchen „gewöhnungsbedürftig". Er ist recht sprunghaft und „kopflastig", Junior beeindruckbar und „medial". Was beide verbindet, ist das Bedürfnis und die Fähigkeit, sich nicht nur in „irdischen", sondern auch in spirituellen Dimensionen zu bewegen. Wichtig ist, daß Papa Junior behutsam aus der Reserve lockt.

### Fische-Papa

Zwischen Fische-Papa und Fische-Junior stimmt von Anfang an die „Chemie". Sie sind sehr ähnlich strukturiert. Da ist gegenseitiges Verständnis und seelische Übereinstimmung von Haus gegeben. Doch Papa unterstützt Junior unbewußt in seiner „Rückzugsstrategie", anstatt seine Durchsetzungsfähigkeit zu schulen, denn bei so viel Gleichheit bilden sich auch die Schwächen intensiver aus.

# Das Fische-Kind und sein Aszendent

**Fische-Aszendent**
Bei diesem sanften Fisch blühen Phantasie und Mitgefühl. Was soweit gehen kann, daß Junior seine persönlichen Bedürfnisse nicht nachhaltig genug vertritt. Doch vermeintliche Schwäche kann auch Stärke sein. Fischlein holt sich letztlich, was er braucht.

**Stier-Aszendent**
Junior entwickelt eine stabilere und konsequentere Haltung seiner Umwelt gegenüber. Dabei ist er gutmütig und natürlich auch einfühlsam, kann persönliche Bedürfnisse aber durchaus beharrlich vertreten. Bis zur Dickköpfigkeit.

**Widder-Aszendent**
Mit diesem Aszendenten wird Junior lernen, Sanftheit und Zurückhaltung mit Durchsetzungsvermögen und Offenheit zu verbinden. Dieser tatkräftige kleine Fisch traut sich nicht alles zu, was so in ihm steckt. Die Eltern können ihn ruhig sanft ermutigen.

**Zwillinge-Aszendent**
Hier pendelt Junior zwischen seelischem Tiefgang und eher oberflächlicher „Kopfarbeit". Wenn es ihm gelingt, die intellektuellen Fähigkeiten mit den emotionalen Bedürfnissen zu verbinden, ist dieser kleine Fisch einer der pfiffigsten und schlagfertigsten. Jede Einseitigkeit zulasten des Gefühlslebens oder auf Kosten des Verstands wäre für das Fische-Kind eher schädlich.

### Krebs-Aszendent

Die enorme Sensibilität und das starke Mitgefühl sind hier so intensiv ausgeprägt, daß das Fischlein sich zu sehr verkapselt. Eltern sollten „Antennen" entwickeln, um den zartbesaiteten Nachwuchs sanft, aber gezielt zu fördern.

### Löwe-Aszendent

Rückzug in die Welt der Träume, oder Selbstdarstellung im Rampenlicht des Lebens? Fische-Junior hat bei allem Anspruch auch ein großes Herz in seiner kleinen Brust. Mitgefühl und Sensibilität gehen durch diesen Aszendenten nicht verloren.

### Jungfrau-Aszendent

Bei diesem Aszendenten liegen für den Junior rationale und geistige Bedürfnisse im Widerspruch zu den emotionalen und seelischen. Hier wird der kleine Fisch lernen, daß Realität und Traum zwei gleichberechtigte Prinzipien sind, die gelebt werden wollen.

### Waage-Aszendent

Junior entwickelt neben seinen typischen Anlagen eine harmonische, ausgeglichene Haltung und nicht selten künstlerische und kreative Fähigkeiten. Charme und Höflichkeit sind selbstverständlich. Das große Problem ist die Unentschlossenheit, die Fische-Kinder mit diesem Aszendenten oft bei anstehenden Entscheidungen haben.

**Skorpion-Aszendent**
Solch ein Aszendent stärkt Juniors Sensibilität und Einfühlungsvermögen, verleiht ihm aber auch eine gute Portion Selbstbewußtsein und Durchsetzungskraft. Dieser Knirps liebt Geheimnisse – und diese zu entschleiern.

**Steinbock-Aszendent**
Dieser Aszendent verleiht Junior eine kontinuierlichere und ehrgeizigere Haltung. Eigenschaften, die er recht mühelos integrieren kann. Bei aller Verschlossenheit darf jedoch die kindliche Fröhlichkeit nicht zu kurz kommen.

**Schütze-Aszendent**
Der Schütze-Aszendent verlangt Junior eine offene und spontane Haltung ab, dabei neigt er eher zur Verschlossenheit. Eltern sollten ihn ermutigen, sein Temperament nicht zu drosseln, sondern auszuleben, damit kein emotionaler Stau entsteht. Dies könnte auf Dauer für die Entwicklung des kleinen Fisches schädlich sein.

**Wassermann-Aszendent**
Hier paart sich Mitgefühl mit sozialem Engagement. Vorausgesetzt, Junior entwickelt genug Initiative. Großzügig und freigiebig ist dieser kleine Fisch allemal. Eltern sollten den Sproß dafür loben, aber auch aufpassen, daß er nicht sein letztes Hemd verschenkt.

# Aszendenten Tabelle

| Monat vom bis | Januar 01. 10. | Januar 11. 20. | Januar 21. 31. | Februar 01. 10. | Februar 11. 20. | Februar 21. 29. | März 01. 10. | März 11. 20. | März 21. 31. |
|---|---|---|---|---|---|---|---|---|---|
| ♌ | 11:50 | 11:10 | 10:30 | 09:50 | 09:10 | 08:30 | 07:55 | 07:15 | 06:35 |
|   | 12:25 | 11:45 | 11:05 | 10:25 | 09:45 | 09:10 | 08:30 | 07:50 | 07:10 |
| ♉ | 12:45 | 12:00 | 11:20 | 10:45 | 10:00 | 09:30 | 08:45 | 08:05 | 07:25 |
|   | 13:30 | 12:50 | 12:05 | 11:30 | 10:45 | 10:10 | 09:35 | 08:50 | 08:15 |
| ♊ | 13:55 | 13:20 | 12:35 | 11:55 | 11:15 | 10:35 | 10:05 | 09:20 | 08:40 |
|   | 15:10 | 14:25 | 13:50 | 13:10 | 12:30 | 11:55 | 11:15 | 10:35 | 09:55 |
| ♏ | 15:50 | 15:10 | 14:30 | 13:50 | 13:10 | 12:40 | 11:55 | 11:15 | 10:35 |
|   | 17:30 | 16:50 | 16:10 | 15:30 | 14:50 | 14:20 | 13:35 | 12:55 | 12:15 |
| ♌ | 18:20 | 17:40 | 17:00 | 16:20 | 15:40 | 15:10 | 14:25 | 13:45 | 13:05 |
|   | 20:15 | 19:35 | 18:55 | 18:25 | 17:35 | 17:00 | 16:20 | 15:40 | 15:00 |
| ♍ | 21:00 | 20:20 | 19:40 | 19:00 | 18:20 | 17:45 | 17:05 | 16:30 | 15:45 |
|   | 22:55 | 22:15 | 21:35 | 20:55 | 20:15 | 19:35 | 19:00 | 18:20 | 17:50 |
| ♎ | 23:50 | 23:10 | 22:30 | 21:50 | 21:10 | 20:30 | 19:55 | 19:15 | 18:35 |
|   | 01:45 | 01:05 | 00:25 | 23:45 | 23:05 | 22:30 | 21:50 | 21:10 | 22:30 |
| ♏ | 02:30 | 01:50 | 01:10 | 00:30 | 23:50 | 23:20 | 22:35 | 21:55 | 21:15 |
|   | 04:25 | 03:45 | 03:05 | 02:25 | 01:45 | 01:10 | 00:25 | 23:50 | 23:05 |
| ♐ | 05:20 | 04:40 | 04:00 | 03:20 | 02:40 | 02:05 | 01:20 | 00:45 | 00:05 |
|   | 07:00 | 06:20 | 05:40 | 05:00 | 04:20 | 03:45 | 03:05 | 02:25 | 01:45 |
| ♑ | 07:50 | 07:10 | 06:30 | 05:50 | 05:10 | 04:35 | 03:55 | 03:15 | 02:35 |
|   | 09:05 | 08:25 | 07:45 | 07:05 | 06:25 | 05:45 | 05:10 | 04:40 | 04:15 |
| ♒ | 09:40 | 09:00 | 08:20 | 07:40 | 07:00 | 06:20 | 05:45 | 05:05 | 04:25 |
|   | 10:25 | 09:40 | 09:05 | 08:25 | 07:40 | 07:10 | 06:30 | 05:50 | 05:10 |
| ♓ | 11:00 | 10:15 | 09:35 | 09:00 | 08:15 | 07:45 | 07:05 | 06:20 | 05:45 |
|   | 11:35 | 10:50 | 10:15 | 09:35 | 08:50 | 08:15 | 07:40 | 06:55 | 06:20 |

Mit Hilfe dieser Tabelle können Sie den Aszendenten Ihres Kindes ermitteln. Suchen sie zuerst in der oberen Leiste Ihren Geburtstag, dann darunter Ihre Geburtszeit. Lesen Sie dann links davon Ihr Aszendenten-Zeichen ab. Die Tabelle ist für den Bereich vom 30. bis 60. Grad nördlicher Breite (wie Mitteleuropa) bestimmt.

| Monat vom bis | April 01. 10. | 11. 20. | 21. 30. | Mai 01. 10. | 11. 20. | 21. 31. | Juni 01. 10. | 11. 20. | 21. 30. |
|---|---|---|---|---|---|---|---|---|---|
| ♌ | 05:55 06:30 | 05:15 05:50 | 04:30 05:10 | 03:55 04:30 | 03:15 03:50 | 02:30 03:10 | 01:55 02:30 | 01:15 01:50 | 00:30 01:05 |
| ♉ | 06:45 07:35 | 06:05 06:50 | 05:30 06:10 | 04:45 05:30 | 04:05 04:50 | 03:30 04:10 | 02:45 03:30 | 02:05 02:55 | 01:20 02:05 |
| ♊ | 08:00 09:15 | 07:20 08:35 | 06:35 07:55 | 06:00 07:15 | 05:20 06:15 | 04:35 05:55 | 04:00 05:15 | 03:20 04:35 | 02:35 03:50 |
| ♏ | 09:55 11:35 | 09:15 10:50 | 08:40 10:20 | 07:55 09:35 | 07:15 08:50 | 06:40 08:15 | 05:55 07:35 | 05:15 06:50 | 04:30 06:10 |
| ♌ | 12:25 14:15 | 11:40 13:40 | 11:10 13:00 | 10:25 12:20 | 09:40 11:40 | 09:05 11:00 | 08:25 10:20 | 07:40 09:40 | 07:00 08:55 |
| ♍ | 15:05 17:00 | 14:30 16:20 | 13:45 15:35 | 13:05 15:00 | 12:30 14:20 | 11:45 13:35 | 11:05 13:00 | 10:30 12:20 | 09:40 11:35 |
| ♎ | 17:55 19:50 | 17:15 19:10 | 16:30 18:30 | 15:55 17:50 | 15:15 17:05 | 14:30 16:30 | 13:55 15:50 | 13:15 15:10 | 12:30 14:25 |
| ♏ | 20:35 22:25 | 19:55 21:50 | 19:20 21:10 | 18:35 20:25 | 17:50 19:45 | 17:20 19:10 | 16:35 18:25 | 15:55 17:10 | 15:10 17:05 |
| ♐ | 23:32 01:05 | 22:45 00:25 | 22:05 23:45 | 21:20 23:05 | 20:40 22:20 | 20:05 21:45 | 19:20 21:05 | 18:00 20:10 | 17:45 19:45 |
| ♑ | 01:55 03:10 | 01:15 02:30 | 00:35 01:45 | 23:55 01:10 | 23:10 00:25 | 22:35 23:45 | 21:55 23:10 | 21:20 22:30 | 20:30 21:45 |
| ♒ | 03:45 04:30 | 03:05 03:50 | 02:20 03:10 | 01:45 02:30 | 01:05 01:50 | 00:20 01:10 | 23:45 00:30 | 23:05 23:50 | 22:20 23:05 |
| ♓ | 05:05 05:40 | 04:20 04:55 | 03:45 04:15 | 03:00 03:35 | 02:20 02:55 | 01:45 02:15 | 01:00 01:35 | 00:20 00:55 | 23:40 00:15 |

| Monat vom bis | Juli 01. 10. | 11. 20. | 21. 31. | August 01. 10. | 11. 20. | 21. 31. | September 01. 10. | 11. 20. | 21. 30. |
|---|---|---|---|---|---|---|---|---|---|
| ♌ | 23.50 00:25 | 23:10 23:45 | 22:30 23:05 | 21:50 22:25 | 21:10 21:45 | 20:20 20:55 | 19:45 20:20 | 19:05 09:40 | 18:20 18:55 |
| ♉ | 00:45 01:30 | 00:00 00:45 | 23:20 00:05 | 22:40 23:25 | 22:00 22:45 | 21:15 22:05 | 20:40 21:25 | 19:55 20:40 | 19:15 20:00 |
| ♊ | 01:55 03:10 | 01:15 02:30 | 00:35 01:50 | 23:55 01:10 | 23:15 00:30 | 22:35 23:45 | 21:50 23:00 | 21:10 22:25 | 20:25 21:40 |
| ♏ | 03:50 05:30 | 03:10 04:50 | 02:30 04:00 | 01:50 03:30 | 01:10 02:50 | 00:25 02:05 | 23:40 01:25 | 23:05 00:50 | 22:20 00:05 |
| ♌ | 06:20 08:15 | 05:40 07:35 | 05:00 06:55 | 04:20 06:15 | 03:40 05:35 | 02:55 04:45 | 02:15 04:10 | 01:40 03:30 | 00:55 02:45 |
| ♍ | 09:00 10:55 | 08:20 10:15 | 07:40 09:35 | 07:00 08:55 | 06:20 08:15 | 05:30 07:30 | 04:55 06:50 | 04:15 06:10 | 03:30 05:25 |
| ♎ | 11:50 13:45 | 11:10 13:05 | 10:30 12:25 | 09:50 11:45 | 09:10 11:05 | 08:30 10:20 | 07:45 09:35 | 07:05 09:00 | 06:20 08:15 |
| ♏ | 14:30 16:25 | 13:50 15:45 | 13:10 15:05 | 12:30 14:25 | 11:50 13:45 | 11:05 13:00 | 10:20 12:25 | 09:45 11:40 | 09:00 10:55 |
| ♐ | 17:20 19:00 | 16:40 18:20 | 16:00 17:40 | 15:20 17:00 | 14:40 16:20 | 13:55 15:30 | 13:10 14:55 | 12:35 14:15 | 11:50 13:30 |
| ♑ | 19:50 21:05 | 19:10 20:25 | 18:30 19:45 | 17:50 19:05 | 17:10 18:25 | 16:20 17:35 | 15:45 17:00 | 15:05 16:20 | 14:20 15:35 |
| ♒ | 21:40 23:25 | 21:00 21:45 | 20:20 21:05 | 19:40 20:25 | 19:00 19:45 | 18:10 18:55 | 17:35 18:20 | 16:55 17:40 | 16:10 16:55 |
| ♓ | 23:00 23:35 | 22:15 22:50 | 21:40 22:10 | 21:00 21:35 | 20:15 20:50 | 19:30 20:05 | 18:50 19:25 | 18:15 18:50 | 17:30 18:05 |

## Aszendenten-Tabelle

| Monat vom bis | Oktober 01. 10. | 11. 20. | 21. 31. | November 01. 10. | 11. 20. | 21. 30. | Dezember 01. 10. | 11. 20. | 21. 31. |
|---|---|---|---|---|---|---|---|---|---|
| ♈ | 17:45 | 17:00 | 16:20 | 15:45 | 15:05 | 14:25 | 13:45 | 13:05 | 12:30 |
|   | 18:15 | 17:35 | 16:55 | 16:20 | 15:40 | 15:00 | 14:20 | 13:40 | 13:05 |
| ♉ | 18:30 | 17:55 | 17:15 | 16:40 | 16:00 | 15:15 | 14:40 | 14:00 | 13:20 |
|   | 19:20 | 18:40 | 18:00 | 17:25 | 16:45 | 16:05 | 15:25 | 14:45 | 14:05 |
| ♊ | 19:50 | 19:05 | 18:25 | 17:50 | 17:10 | 16:35 | 15:50 | 15:10 | 14:35 |
|   | 21:00 | 20:20 | 19:40 | 19:00 | 18:25 | 17:45 | 17:00 | 16:25 | 15:50 |
| ♋ | 21:40 | 21:00 | 20:20 | 19:40 | 19:05 | 18:25 | 17:40 | 17:05 | 16:30 |
|   | 23:20 | 22:40 | 22:05 | 21:25 | 20:50 | 20:05 | 19:25 | 18:50 | 18:10 |
| ♌ | 00:20 | 23:30 | 22:55 | 22:05 | 21:40 | 20:55 | 20:15 | 19:40 | 19:00 |
|   | 02:05 | 01:25 | 00:55 | 00:10 | 23:30 | 22:45 | 22:10 | 21:30 | 20:55 |
| ♍ | 02:50 | 02:10 | 01:30 | 00:55 | 00:15 | 23:30 | 22:55 | 22:15 | 21:40 |
|   | 04:45 | 04:05 | 03:25 | 02:50 | 02:10 | 01:30 | 00:50 | 00:10 | 23:35 |
| ♎ | 05:45 | 05:00 | 04:20 | 03:45 | 03:05 | 02:30 | 01:45 | 01:05 | 00:30 |
|   | 07:35 | 06:55 | 06:15 | 05:35 | 05:00 | 04:20 | 03:35 | 03:00 | 02:25 |
| ♏ | 08:20 | 07:40 | 07:00 | 06:20 | 05:45 | 05:05 | 04:20 | 03:45 | 03:10 |
|   | 10:15 | 09:35 | 08:55 | 08:15 | 07:40 | 06:55 | 06:15 | 05:40 | 05:05 |
| ♐ | 11:10 | 10:30 | 09:50 | 09:10 | 08:35 | 07:50 | 07:10 | 06:35 | 06:00 |
|   | 12:50 | 12:10 | 11:30 | 10:55 | 10:15 | 09:30 | 08:55 | 08:15 | 07:40 |
| ♑ | 13:40 | 13:00 | 12:20 | 11:45 | 11:05 | 10:20 | 09:45 | 09:05 | 08:30 |
|   | 14:55 | 14:15 | 13:35 | 13:00 | 12:15 | 11:35 | 11:00 | 10:20 | 09:45 |
| ♒ | 15:30 | 14:50 | 14:10 | 13:30 | 12:50 | 12:10 | 11:35 | 10:55 | 10:20 |
|   | 16:15 | 15:35 | 14:55 | 14:20 | 13:40 | 12:55 | 12:20 | 11:45 | 10:05 |
| ♓ | 16:50 | 16:10 | 15:30 | 14:50 | 14:15 | 13:30 | 12:50 | 12:15 | 11:40 |
|   | 17:25 | 16:45 | 16:05 | 15:25 | 14:50 | 14:05 | 13:25 | 12:50 | 12:15 |

## «DU WIRST ZEIT DEINES LEBENS VON DEM INNEREN, LERNENDEN WESEN GELENKT, DAS DEIN WAHRES SELBST IST»

Ihr persönliches Geburtshoroskop kann der Schlüssel zu Ihrem wahren Selbst sein. Auf der Suche nach Ihrem Wesenskern, kann es eine wertvolle Hilfe sein. Die ASTRODATA-Analysen helfen Ihnen, sich im Spiegel der psychologischen Astrologie besser kennenzulernen und Ihr Potential Ihrem innersten Wesen gemäss zur Entfaltung zu bringen.

## Analysen der Persönlichkeit

### Die grosse Persönlichkeitsanalyse

Ausführliche Beschreibung folgender Bereiche: Charakteranlagen, Schattenthemen der Persönlichkeit, Lebensziele, berufliche Möglichkeiten, Innenleben und Gefühlsbereich, Beziehungsverhalten, Erotik und Sexualität, Partnerbild.
30 – 40 Seiten Deutungstext.

### Die Standard-Horoskopanalyse

Eine kompakte Version der Persönlichkeitsanalyse deutet in klarer Gliederung die wichtigsten Horoskopfaktoren.
15 – 20 Seiten Deutungstext.

### Die esoterische Lebensplan-Analyse

beschreibt Lebensthemen und -Aufgaben und hilft Ihnen, Ihren Lebensplan besser zu verstehen. 12 – 20 Seiten Deutungstext.

### Die Partnerschaftsanalyse

beschreibt individuell das Thema Ihrer Beziehung. 15 – 25 Seiten Deutungstext.

### Die Kinderanalyse

beschreibt die Anlagen und Lebensziele Ihres Kindes aus astrologischer Sicht.
12 – 16 Seiten Deutungstext.

## Analysen der Zeitqualität

### Die grosse Jahresvorschau
#### Mit Themen des Wassermannzeitalters

Die psychologische Astrologie betont die Freiheit des Menschen, im Einklang mit den kosmischen Kräften seine Zukunft zu gestalten. Unsere Jahresvorschau kann Ihnen dabei helfen, Ihr Potential besser zu erkennen und im Wissen um die Zeitqualität Ihre Entscheidungen in einer bewegten Zeit sicherer zu fällen.
35 – 55 Seiten Deutungstext.

### Die vertiefte Trendanalyse
#### für 6 Monate

Diese Trendanalyse eignet sich ganz besonders zur Planung Ihrer nächsten Schritte im Einklang mit der Zeitqualität. Sie vermittelt eine detaillierte und vertiefte Deutung der Themen jedes Monats (pro Monat 8-12 Seiten), aufgeteilt in: Allgemeine Themen, dynamischer Ausdruck, berufliche Durchsetzung, Gefühlsbereich und Beziehungsfragen. Wichtige Tage oder Perioden innerhalb eines Monats werden separat hervorgehoben und beschrieben.
60 – 80 Seiten Deutungstext.

**ASTRODATA**
Die professionelle Qualität in der Astrologie

## Leserbestellung

| | | |
|---|---|---|
| ❏ Grosse Persönlichkeitsanalyse | Nr. 87 | DM 79.– |
| ❏ Standard-Horoskopanalyse | Nr. 71 | DM 45.– |
| ❏ Esoterische Lebensplan-Analyse | Nr. 85 | DM 60.– |
| ❏ Partnerschaftsanalyse | Nr. 75 | DM 60.– |
| ❏ Kinderanalyse | Nr. 73 | DM 60.– |
| ❏ Grosse Jahresvorschau | Nr. 7G | DM 79.– |
| ❏ Vertiefte Trendanalyse für 6 Monate | Nr. 78 | DM 79.– |
| ❏ Horoskopzeichnung zusätzlich | | DM 14.– |

Preisänderungen vorbehalten

**1. Analyse bzw. 1. Person:** Bestellnr.             **2. Analyse bzw. 2. Person:** Bestellnr.

Name_____ weibl./männl.        Name_____ weibl./männl.

Geb.Dat._____ -Zeit_____        Geb.Dat._____ -Zeit_____

Geburtsort*_____        Geburtsort*_____
*bei kleinem Ort bitte nächste Stadt angeben              *bei kleinem Ort bitte nächste Stadt angeben

Gemeinsamer Wohnort der Partnerschaft:        Gemeinsamer Wohnort der Partnerschaft:
_____        _____

Für Zeitanalysen Startmonat:_____        Für Zeitanalysen Startmonat:_____

### Allgemeine Lieferungs- und Zahlungsbedingungen

*Normalversand*    B-Nonprioritaire Versandkosten DM 5.–,
Postaufgabe innert einer Woche + Postweg ca. 2-3 Wochen
portofrei ab DM 200.–

*Spezialversand*    A-Prioritaire, Versandkosten DM 10.–,
Postaufgabe innert 48 Std. + Postweg ca. 1 Woche

*Vorauszahlung*    Bitte Vorauszahlung mit Check oder Postquittung als Beilage
*Zahlungskonto*    Einzahlungskonto für Deutschland: Deutsche Bank in Weil a.R.
(Bankleitzahl 683 700 34) für Noé-Konto 274 3912
Einzahlungskonto für Österreich: Postsparkasse 4307400 der
Österreichischen Länderbank in Bludenz (Bankleitzahl 12880)
für Noé-Konto 870-114-363

**Lieferadresse:**
Name/Vorname: _____
Strasse: _____
PLZ/Ort: _____

Bitte einsenden an:
**NOÉ ASTROSERVICE AG,**
Postfach 534, CH-8047 Zürich

# Astrologie

**Der mutige Widder**
Von G. Haddenbach – 84 S., geb.,
36 Farbfotos, durchgehend vierfarbig.
**ISBN:** 3-8068-**1531**-3
**Preis: DM 14,90;** öS 110,–; sFr. 14.90

**Weitere Titel aus dieser Reihe:**
1532-1  Der hilfsbereite Stier
1533-X  Die beschwingten Zwillinge
1534-8  Der gefühlvolle Krebs
1535-6  Der großzügige Löwe
1536-4  Die vernünftige Jungfrau
1537-2  Die harmonische Waage
1538-0  Der gesellige Skorpion
1539-9  Der optimistische Schütze
1540-2  Der strebsame Steinbock
1541-0  Der phantasievolle Wassermann
1542-9  Die liebenswerten Fische

**Die 12 Sternzeichen**
Von G. Haddenbach – ca. 144 S.,
kart., erscheint November 1995.
**ISBN:** 3-635-**60032**-6
**Preis: ca. DM 12,90;** öS 95,–; sFr. 12.90

Das kompakte Fachbuch mit vielen Übersichten zum schnellen Nachschlagen.

**Alles übers Horoskop**
Von B. A. Mertz –
176 S., kart., 25 Zeichnungen.
**ISBN:** 3-8068-**0655**-1
**Preis: DM 9,90;** öS 73,–; sFr. 9.90

Das Buch zeigt, wie der Astrologe die Sterne deutet und seine Horoskope erstellt.

**Chinesisches Horoskop**
Von G. Haddenbach – 88 S., kart.
**ISBN:** 3-635-**60006**-7
**Preis: ca. DM 9,90;** öS 73,–; sFr. 9.90

Das Buch präsentiert alles Wissenswerte rund um die fernöstlichen Sternzeichen und ermöglicht mit einem immerwährenden chinesischen Horoskop einen Blick in die Zukunft.

**Wahrsagen mit Karten**
Von R. Koch – 80 S. kart.
**ISBN:** 3-635-**60004**-0
**Preis: DM 9,90;** öS 77,–; sFr. 9.90

Alles über die Bedeutung der Karten und die Auswirkung der Begleitkarten. Anhand zahlreicher Auslagenbeispiele wird erklärt, wie man Schicksal und Zukunft voraussagt.

**Tarot**
Von B. A. Mertz –
112 S., kart., 28 Zeichnungen.
**ISBN:** 3-8068-**1227**-6
**Preis: DM 9,90;** öS 73,–; sFr. 9.90

Faszination Tarot: Richtig gedeutet, eröffnen die 22 Karten Einblicke in oftmals verborgene Begabungen und helfen, sich selbst besser zu verstehen.

# Mensch und Gesundheit

**Autogenes Training**
Von P. Kruse, B. Pavlekovic, K. Haak –
118 S., kart., durchgehend zweifarbig.
ISBN: 3-8068-**1278**-0
Preis: DM **24,90**; öS 185,–; sFr. 24.90

In diesem Buch wird der Wechselwirkung zwischen Körper und Seele ebenso breiter Raum gewidmet wie den Basisübungen des autogenen Trainings. Dieses Grundwissen wird anhand verschiedener Alltagssituationen in die Praxis umgesetzt.

FALKEN VIDEO
**TELE-Rückenschule**
VHS, ca. 60 Minuten, in Farbe,
mit Begleitbroschüre
ISBN: 3-8068-**6108**-0
Preis: DM **49,95**; öS 399,–; sFr. 49.90
(unverbindliche Preisempfehlung)

Dieser Videokurs gibt zahlreiche Vorsorgetips und zeigt mit speziellen Übungsformen das Training der vernachlässigten Rückenmuskulatur. So wird die Haltung sichtbar verbessert, und mit dem Schutz vor neuen Rückenschmerzen geht eine Steigerung des Selbstbewußtseins einher.

**Blütentherapie nach Dr. Bach**
Von I. Wenzel – 104 S., kart.,
durchgehend zweifarbig.
ISBN: 3-635-**60019**-9
Preis: ca. DM **12,90**; öS 95,–; sFr. 12.90

Das Buch informiert über die erstaunlichen Wirkungsweisen verschiedener Blüten und zeigt die vielfältigen Einsatzmöglichkeiten bei der Behandlung.

**Qigong. Hilfen für den Alltag**
Von L. U. Schoefer –
96 S., kart., durchgehend vierfarbig,
140 Fotos, 15 Zeichnungen.
ISBN: 3-8068-**1316**-7
Preis: DM **19,90**; öS 148,–; sFr. 19.90

Qigong ist eine chinesische Bewegungs- und Atemtherapie, die es leicht macht, in der Hektik unserer Zeit zu mehr Ruhe, Gelassenheit und Gesundheit zu finden.

**Aromatherapie**
Gesundheit und Entspannung
durch ätherische Öle
Von K. Schutt – 96 S., kart.,
40 zweifarbige Abbildungen.
ISBN: 3-8068-**1131**-8
Preis: DM **14,90**; öS 110,–; sFr. 14.90

Alles über bewährte Heilkräuter und Essenzen sowie ihre Wirkung auf Körper und Psyche. Anleitungen zum Sammeln, Anbauen und Lagern der Pflanzen. Die Rezepturen ermöglichen es, Duftöle selbst herzustellen. Mit vielen Tips zum Kochen mit natürlichen Aromen.

# Mutter und Kind

**Die schönsten Vornamen**
Hrsg. von D. Voorgang – 200 S., geb.,
über 100 Farbzeichnungen.
ISBN: 3-8068-4755-X
Preis: DM 19,90; öS 148,–; sFr. 19.90

Schön soll er sein und wohlklingend, etwas ausgefallen vielleicht, aber nicht zu exotisch – die Wahl des Vornamens will wohl bedacht sein.

**Das Babybuch**
Von A. Burkert –
96 S., kart., 98 Zeichnungen.
ISBN: 3-8068-0531-8
Preis: DM 12,90; öS 95,–; sFr. 12.90

Ein unentbehrlicher Ratgeber mit vielen Tips und praktischer Hilfe für die richtige Pflege, Ernährung und Gesunderhaltung des Kleinkindes.

**Der große FALKEN Babykurs**
Von K. Schutt – 352 S., geb.,
591 Farbfotos, 20 Farbzeichnungen.
ISBN: 3-8068-4739-8
Preis: DM 39,90; öS 295,–; sFr. 39.90

Der große FALKEN Babykurs bietet eine wohl einzigartig breite Themenpalette in hervorragender Darstellung auf aktuellstem Wissensstand. Ein unentbehrlicher Begleiter durch die ersten beiden Babyjahre.

**Ich bekomme ein Baby**
Von B. Nees-Delaval – 144 S., kart., zahlr. Abb., durchg. zweifarbig.
ISBN: 3-8068-1254-3
Preis: DM 19,90; öS 148,–; sFr. 19.90

Dieser moderne Ratgeber vermittelt alles Wissenswerte über Schwangerschaft, Geburt und die unmittelbare Zeit danach.

**Babyfitneß**
Von G. Zeiß –
112 S., kart., 179 farbige Illustrationen.
ISBN: 3-8068-1034-6
Preis: DM 19,90; öS 148,–; sFr. 19.90

Massage, Spiele, Gymnastik und Schwimmen zur Förderung der emotionalen, geistigen und körperlichen Gesundheit im ersten Lebensjahr.

**Geburtsvorbereitung**
Von G. Dürer, G. Zeiß – 134 S., kart.,
95 Zeichnungen, zweifarbig.
ISBN: 3-8068-1169-5
Preis: DM 19,90; öS 148,–; sFr. 19.90

Der ideale Begleiter für die Zeit der Schwangerschaft! Gymnastik, Entspannungsübungen und Meditation bereiten Körper und Geist gemeinsam auf das große Ereignis vor.